相澤宏明

法華経世界への誘《いざな》ひ

展転社

はじめに

法華経は有名な経典である。

この有名な経典とはいかなるものか、関心を持つ方は多いのではないかと思はれる。だが関心はあるものの、詳しい内容まで立ち入る人は意外と少ないかもしれない。しかし、名前だけを知るのではなく、法華経の内容を調べてみたいといふ意欲をもつ人びとも存在してゐるのではなからうか。ちまたの書店ではそれらの人びとのために、法華経の解説書が仏教書コーナーに並べられ、また法華経を素材とした社会本もよく見受ける。

書店に足をはこんでみたものの、専門書は余りにも難解で手に取りづらく、とつつきにくい、社会本は人生論や世俗論に傾き何か物足らない、といふ不満があつてもをかしくない。書店以外での購入についても、同じやうな感じを受けるのではなからうか。

専門書に手が出にくい原因を私なりに考へると、法華経の理解や内容把握のための仏教用語の存在がある。専門用語の読みかたや理解が困難なのだ。ところが、法華経をひも解く場合、この困難さはどうしても克服しなければならなくなる。少なからず専門の領域に立ち入らなければならないのは止むを得ない。

本書は、その困難克服のための一助として、法華経の大まかな内容の把握と、思想としての法華経理解の入り口に読者を導きたい、誘《いざな》ひたいとの願望のもとに書かれてゐる。

法華経理解を目指す場合の課題として、宗教心の有無、信仰心の必要性如何《いかん》といふテーマがある。

法華経を読むための下地として、宗教心や信仰心がなければ経文読解は叶はないのかどうか、とくにこれから法華経を読み始める者にとつては、一応は乗り越えなければならないテーマといへさうだ。とともに、法華経の読解によつて獲得した知識と、法華経への信仰とがどのやうに関連するのかについても整理しておく必要がある。経文に対する知識が必然的に宗教心に発展するのか、もしくは逆に宗教心がなければ知識を持つ資格がないのか、少し困難さを覚える点でもある。

ただ、この点は読者の内面の問題とせざるを得ないかもしれない。したがつて結論の強制は出来ない。自然の流れに任せる以外無いのだが、たんなる法華経の文言上の知識獲得にとどまらせてはいけないといふ著者の思ひは強い。

この点で、本書は仏教学者がものする解説書や、宗派仏教に所属する僧侶などの書物とは少しく色合ひを異にしてゐることを予めお断りしておきたい。

繰り返しになるが、本書には法華経に明かされる法門教義の解説に加へるに、思想の対象としての法華経をみつめ、実人生の上に活かし、国家・社会との接点を抉り出したいとの狙ひが在る。

わが国の哀しい歴史、すなはち日本国体に変調をきたしたといつてよい南北両朝が並立した時代、南朝の忠臣として名高い楠正成（大楠公）は法華経を写経してゐる。現在その実物が正成終焉の地に建つ神戸の湊川神社の宝物館に、国の重要文化財として所蔵されてゐる。その写経の奥書に、正成の法華経解釈が簡潔に書かれてゐるが、そこには正成の法華経信仰が披瀝されてゐる。その内容を手短かにいへば、法華経を仏の本懐として信奉し、読誦することで朝敵逆徒を成敗し天下は静謐になる。逆徒を討滅し、建武中興をなしとげたことで法華経を転読するといふ誓願を立ててゐるのである。この事実は、正成の後醍醐天皇に対する忠誠心の拠り所が、法華経にあつたことを表白してゐて、正成は自らの尊王心の基盤を法華経に求めてゐたといつてよい。

正成が法華経を釈尊の本懐と捉へ信奉してゐることは、自己の存在が仏法とつながり、正成の実人生の上に法華経が体現され、たんなる知識のみには終はつてゐないのを証明してゐるのだ。

正成のこの姿勢は、わが国の歴史上における法華経思想史上からみて、聖徳太子の法華経解釈や伝教大師の法華経一乗観、また日蓮聖人の立正安国を掲げた法華唯一乗主義《ほっけゆいいちじょうしゅぎ》などの先行思想の流れにつながると言つても過言ではないと思はれる。

昭和維新を目指したわが国において、北一輝、井上日召、石原莞爾、里見岸雄など法華経と浅からぬ縁を結んだ諸家が活躍した。彼らの頭脳や肉体をかりて法華経といふ経典が社会改造、社会改革といふ歴史展開に参加したのである。

正成が法華経に心を任せ後醍醐天皇を守護し、反国体勢力を駆逐せんとした精神構造と行動様式、とともに北、井上、石原、里見らが目指した社会改造活動の有り様を参考にすることで、閃くテーマがある。それは、

法華経を個人の精神問題に終はらせない＝国家・社会・政治とのつながりの解明

法華経を歴史展開のなかで読む＝色読《しきどく》の必要性

である。

法と国とのつながりは、現今のわれらの社会においては世界や宇宙とのつながりも視野に入れなければならないであらう。

ならば、法華経と世界・宇宙とがいかに共鳴通底するのか、冥合するのか、さうしたつながりは期待できないのか、かうした課題とともに、人類の未来にとつて法華経はいかに影響を及ぼし得るのか、そのあたりにも気を配る必要が出てくるのである。

さて、そのやうな問題点を押さへつつ、以下に法華経の世界を眺めていかう。

なほ、経文の引用は、現在刊行されてゐる数種の和訳本を参考にし、私流に引用してゐ

る。また、引用に際しては、本文と同様に正統表記（フリガナは現代仮名表記）を採用してゐる。ならびに釈尊と表記してゐる。現今は釈迦といふ表記が多いのだが、法華経の教主たる仏陀を尊称する意味で釈尊と表記し、法華経の信行者たる最澄、日蓮などの仏教家についても、原則として大師や聖人と尊称を用ゐて表記してゐる。あらかじめお断りしておく。

法華経世界への誘《いざな》ひ◎目次

第一部　法華経に至るまで

第二部　法華経本文の世界

第一章　序品第一

第三部　法華経の特色

装幀　古村奈々＋Zapping Studio
カバーイラスト　蓮の花　乙姫の花笠（イラストＡＣ）

第一部　法華経に至るまで

第一章　インド産の法華経

サンスクリット語と梵語は同じ

法華経は古代インドに発生した。

そののちシナに渡り、西暦四世紀から七世紀にかけ漢語に翻訳されてゐる。その間に日本に伝流し和訳され今日に至つてゐる。

このやうに法華経はインドの原典であるサンスクリット語からシナの漢語を経て、日本の和語による経典に発展してきてゐるのである。

この経典が漢訳されるにつき、その原典と目されるのが、インド文字で記されたサンスクリット語経典である。これを梵本《ぼんぽん》とも称する。この場合の梵本といふ表現は、梵語《ぼんご》で書かれた経本といふことである。

では、なぜサンスクリット語を梵語といふのであらうか、それは梵天（インドの古代神、ブラーフマン）が発明したのが梵語だとするシナの迷信に基づいてゐる。

このやうな謂れを持つサンスクリット語は、おなじくインド文字のパーリー語、ガンダーラ語など他の仏典原語と比べると、もつとも主要な言葉に位置づけることが出来、歴史的に主流になつた。すなはち、古代インドにおける規範言語、学術言語の役割を果たしたのであり、梵天が発明したとするシナの迷信も、それなりに理由のあることなのだ。

かうした優れものと考へてよいサンスクリット語の法華経は、これまでにネパール（尼波羅）やチベット（西蔵）他の各地において、完全本や断簡本として発見されてゐる。

これらの梵本法華経の発見を時系列に記すと、以下のごときものになる（岩本裕『法華経』解説〈岩波文庫本〉参照）。

①ネパール本＝西暦十九世紀前半、イギリスの駐ネパール公使、ホジソンが蒐集、完本。フランス人ヴュルヌフの仏訳、オランダ人ケルンの英訳、ケルン＆南条文雄によるサンスクリット原典の出版あり（岩波文庫『法華経』の岩本裕氏による日本語訳本はこれの訳）。

②中央アジア本＝西暦十九世紀末、各地で数点（発見者の名前、または発見地名を付したペテロスキー本、カダログ本、ファルハード本、マンネルハイム本、トリンクラァ本、トゥルファン本、大谷本など）発見、断簡。

③ギルギッド本＝西暦一九三二年六月、インドカシミールの北方二〇キロの地点のストゥーパ（塔）内において発見、断簡。

これらの諸原典が現存するのであるが、今のところネパール本が正法華経《しょうほけきょう》、添品法華経《てんぽんほけきょう》の原典ではないかとされてをり、のちにふれるやうに、妙法華経は正・添の両法華経とは異なる諸点を持つてゐて、妙法華経は正法華経より古い原典からの訳とされてゐる。

妙法華経の原典とは

この点に関し、正法華経が妙法華経より先に翻訳されてゐるのだから、当然サンスクリット原典も古いと目されて当たり前なのだが、ことはそれほど簡単ではなく、妙法華経が依る原典は、正法華経や添品法華経とは形態を異にした別系統の古い原典であると見做され得るのである。

しかも、その後の展開において、妙法華経が正法華経を凌駕《りょうが》し、やがて正法華経や添品法華経が顧みられなくなつたといふ事実がある。この点からみると、もし正法華経が的を射た翻訳であり、添品法華経が先行両訳の欠陥を真に補ふ名訳であつたなら、かうした現象は決して起らなかつたであらうし、シナ・日本と流伝する過程で、法華経といへば妙法華経をさす常識も、各地の人びとに浸透しなかつたであらうことは容易に想像が出来るのである。

正・添二経のこのやうな位置について考へを進めれば、妙法華経の原典は、現在発見されてゐるサンスクリット原典とは一線を画して考へる必要がありさうなのだ。すなはち、昨今発見されたネパール、チベット本などのサンスクリット本と系列を異にするもう一つの原典が存在したといふ仮説の是認である。

大乗と小乗をめぐる諸問題

かうした背景を持つ法華経は、申すまでもなく大乗教の経典である。

小乗は個人解脱を主に明かす阿含部の諸経典類に説かれ、これを根本仏教と呼んできた（姉崎正治『根本仏教』〈博文館〉・増谷文雄『根本仏教』〈筑摩書房〉など参照）。

しかし、わが国の昨今において、根本仏教といはず原始仏教といふやうになつてきてゐて、しかも、最近では原始仏教を初期・後期にわけることもあり、初期の原始仏教を初期仏教と称することもある。いづれにしても阿含部の諸経の主たる対告衆《たいごうしゅう》（聴衆）は当時のエリート層ともいふべき仏弟子の声聞、縁覚でその点は揺るがない。

これらの声聞、縁覚を二乗ともいひ、地上に存在した仏弟子のことである。いはゆる当時現存した人間を相手とし、諸法無我《しょほうむが》、諸行無常《しょぎょうむじょう》、涅槃寂静《ねはんじゃくじょう》の三つの法の印をかかげた、インドにおける旧来のバラモン教などと区別する一派が当時の仏教徒教団であつた。

声聞や縁覚は、別名を比丘《びく》（男）、比丘尼《びくに》（女）ともいひ、厳しい修行を経て、長時間厳格な持戒の儀を守り、一般の社会生活と隔離遮断した沙門《しゃもん》としての出家生活を僧伽（そうぎゃ・サンガ）で送り、やうやく涅槃（ねはん・ニルバーナ）の境地に至るとするものであつた。

このやうな状態を、迷ひから悟りに至る乗り物にたとへ、修行者一人しか乗れない能力であつたので、小さな乗り物と表現したのである。

これに比べ大乗は小乗とは異なり、衆生とともに救はれようとする内容を持つた経典群に説くところの教へである。主に菩薩、たとへば弥勒《みろく》、文殊《もんじゅ》、薬王《やくおう》、観音《かんのん》、妙音《みょうおん》、普賢《ふげん》、勢至《せいし》などといつた地上には存在しない架空の創造人格を相手としてゐる。かうした架空の菩薩とは別に、実在の人物を菩薩とする場合もある。したがつて、これらの事例を参考にすると、実在の菩薩のやうな人格（人師）を有した人物をモデルとして、架空の人格としての菩薩を設定してゐるのではなからうかとも思はれるのである。

いづれにしても、菩薩の性格とは、自己犠牲による他の救済を行ひつつ自らも救はれんとするものとされてをり、いはゆる化他即自行《けたそくじぎょう》、他を救ふことで自らも救はれるとの立場で、他を教化することをもつて自の行とする、全体救済のため、仏の国土を建立するのを信条とするもので、さうした性格の人間は当時にも存在したのである。

それらをモデルとして菩薩をイメージし、社会全体が救済されなければならないとする思想を説いたのが大乗であることも揺るぎないことだ。したがつて、大きな乗り物と表現したわけである。

大乗教の中心に位置した法華経

このやうな傾向を帯びた仏教徒集団を大衆部、または大乗教団と表現してきてゐる。

それらの教団が信奉した経典の中でも、とくに法華経は、仏国土の建設と、諸仏・諸法・諸行の統一をメインテーマにしてゐることなどから、諸経中最在其上《しょきょうちゅうさいざいごじょう》、諸経中最為第一《しょきょうちゅうさいいだいいち》などと法華経自身の中で、諸教と比べて「最上」「第一」と自称してゐるのである。かうした表現が法華経自身の中で現れてきてゐるのであり、大いに注目に値する。

この表現について、ごく素直に解釈すれば、膨大な大蔵経典（経・律・論の三部に亘るゆゑ、これを三蔵ともいふ）を、それぞれあるべき位置に据ゑ、それぞれの経典の連関を統一して整理するのが、法華経の役目といへる。だから最上・第一と法華経自身で規定してゐるのもその故である。

法華経が大乗経典の中心に位置することを以上のごとく確定した上で、再度、大乗の存在意義につき考へてみよう。

社会性を持たない小乗教団に満足できない進歩的仏教徒集団が、これらの大乗経典を発展的に生み出したといふ推測は可能である。宗教進化学からみても、その推測は妥当であり、小乗から進化した大乗とのテーゼは成立する。ならば南方仏教（南伝）と称される小乗と、北方仏教（北伝）と称される大乗との関係は、北伝仏教の優位を認めなければならなくなる。その大乗の中でも法華経の経文に明確にそれを示すことで、大乗のなかにおいて優位を誇るのが法華経となることも、妥当な見方としてよろしいのである。

最近かうした大小の表現に対し、異論が提出されてゐる。といふのも、日本仏教徒とミャンマー（旧ビルマ）、スリランカ（旧セイロン）、タイなど南方仏教徒との交流が盛んになるにつれ、大乗仏教徒の堕落があらはになり、小乗仏教側からクレームがつくやうになつた。大小と区別するのは正確ではない、小大といふ表現は差別を生じかねないとする意見が起つたのである。それに配慮したのかどうか、最近では小乗、大乗との表現を避け、小乗を上座部仏教といふやうになつた。

もちろん、名は正さなければならない。しかし、わが国に公伝（北伝）してきた段階から、小乗、大乗を使用しつつ分別して呼称し、それらが示す内容をごく自然に受け容れてきた日本の伝統文化も、また尊重しなければならないのであつて、差別といふ面からだけでは、この真相解明にはならないのだ。

大乗の精神と日本国体

わが日本においては、大乗といふ表現を用ゐ、わが国の国民性を大乗有縁の菩薩性（伝教大師最澄）となし、王法と仏法との相依《そうえ》冥合《みょうごう》を重視して（日蓮聖人）、理想国家建設を目指してきた歴史がある。この目標は最近では衰退し、堕落傾向にあるかもしれない。しかし、それは一時的な現象としなければならず、今も理念は継続してゐるとすべきなのだ。

したがつて、わが国において仏教の二大別を、大小をもつて表現するのは、けつして昨今流行の政治用語が示す差別思想から出てきてゐるのではない。

それよりも教への内容を大きな乗り物と解した結果なのであり、小乗仏教を小さな乗り物と理解したことを、間違ひや差別とする謂れはない。言葉をいくら取り替へても、思想の本質に変化はないことを知るべきであらう。小乗と大乗といふ言葉こそが、南伝から北伝へと発展した宗教進化学的にみた仏教の二大別を表現する的確なものといつてよいのである。

しかも、この大乗思想の発露としての菩薩行の実践こそは、先に少しふれたが、法華経の特色とするところである。聖徳太子が法華経に注釈を加へたをり、山林に隠れての修行法を排斥したことなどは、その理由の一証明に資してよいかもしれない。また、伝教大師がわが国の国民性を菩薩性と喝破し、日蓮聖人が天皇の本地を釈迦仏としたことなど、その正当なることの証明とするに十分な根拠を与へるであらう。

このやうに日本の歴史をひも解いてゆけば、日本の王法思想（国体）を法華経からみることは極めて国家の内容を解明するために重要な作業になる。

ただ、王法を国体と結びつけるためには、王法と国体との双方に亘る定義づけを厳格にしなければ誤解を招く恐れがある。それについては拙著『日蓮王法思想への誘ひ』（展転社刊）を参考にしていただくこととし、ここでは端的に等記号で結んでおくが、日本の王法思想につながる法華経思想こそが、わが日本の国体にとつて必要とされた、またされなければならないといふに止めておきたい。

仏教経典の旧訳と新訳

話をもとに戻さう。

サンスクリット語経典を漢訳するについては、当時の関係者は大変苦闘したことは容易に想像できる。この翻訳は、大別すれば二種ある。

旧訳《くやく》と新訳《しんやく》である。

旧訳は鳩摩羅什《くまらじゅう》（クーラジーヴァ　西暦四世紀中頃の人）に代表され「経典の講義を伴ふ訳場《やくじょう》」において翻訳された。

新訳は玄奘三蔵《げんじょうさんぞう》に代表され「専門家集団のみによる細かな分業体制の確立した訳場《やくじょう》」において翻訳されてゐる。

それぞれの訳場において、インド僧やチベット僧らがサンスクリット語の経文を読誦し、それをシナ僧が漢語で筆受する、のちに漢文として潤色するなどの作業を行なひ完成させてゐるのである。当時の関係国の国力を挙げての取り組みや、あるいは個人的な立場で行はれたことなどが伝へられてをり、その苦労は察するに余りある（船山徹『仏教はどう漢訳されたのか』〈岩波書店〉参照）。

しかし、わが国へは漢訳された経典がストレートに入ってきた。

そののち、文法の統一、読誦法の確立、読み下し、和語への書き直しなどの作業がなされたが、漢訳経典をそのまま使用する環境に恵まれた。サンスクリット語から和語への翻訳と

仏教伝来の地碑、欽明天皇磯城金刺宮跡の近くに建つ。桜井市在

いふ困難な作業は、日本に流入した当時は行はれなくて済んだのである。

法華経伝来と日本の文化

このやうにして、わが国に流伝した法華経は、朝廷に影響が及び、そののち天皇と国民ともに幅広く受容するに至つた。そして、朝廷のあつい帰依をうけつつ、国全体に対して影響をたもつことができた。

なぜさうなつたか、その原因はいろいろあらうが、中でもこの問題を考へるヒントの一つとして、法華経の教主釈尊を主・師・親と仰ぐ仏弟子の立場と、天皇を宗家と仰ぐ日本国民の立場とが、いつしか渾然と融合した事実があげられてよい。日本天皇の存在を、法華経の教主釈尊の存在になぞらへることで、仏が有する三身《さんじん》（法身《ほっしん》・報身《ほうしん》・応身《おうじん》）思想を重んじた。他の経典では法身のみに常住を認めるのと相違し、三身ともに永遠な存在とする法華経思想を、現身を有する天皇の基盤としての万世一系思想の補完とし、わが国の主権を強固たらしめ国体と法華経との強い相依関係《そうえかんけい》をもたらしたのである。

このやうにみてくると、わが国における法華経受容は、たんなるインド所産の思想の受止めや、仏説を明かす経典の教義受容のみとはいへなくなり、わが国の国体から法華経を眺めることも必要になつてくる。したがつて法華経と日本国との関連性を眺める視座も必要となるのである。

といふことで、法華経は日本に伝来してよりこのかた、つねに仏典の中心に位置し、人びとの信仰をかちとり、重要視されつづけてきた。とともに、わが国の基本社会、国体の発展に大きな貢献を果たしてきてゐる。

歴史的にみて、わが国への仏教公伝（欽明天皇十三年・西暦五五二年、または宣化天皇三年・五三八年）以降、上宮法王聖徳太子の法華経解説書「法華義疏《ほっけぎじょ》」の作成に始まり、伝教大師の日本天台宗の開宗による法華経中心主義の恢弘《かいこう》、それへの桓武天皇の帰依、あるいは平清盛の厳島納経に象徴される平安貴族の法華経への傾斜や、鎌倉幕府開創以降の日蓮聖人による法華経唯一主義の確立など、幅広く根強い民の信仰をもたらした。それに止まらず、近代に入つてもなほ多くの日本人の心を摑んで離さなかつた。現代においても新興宗教と目される諸教団の多くは法華経を信奉して来てゐるのである。

なぜさういふ推移を辿つたのか、先ほどもふれた三身常住思想に加へるに、他の理由も考へられるであらう。二乗成仏、女人成仏、悪人成仏などの一乗主義（すべてが仏になれること）、釈尊の久遠における成道観（多くの仏の一本化）、一仏一国土思想（娑婆国土の常寂光土化）、仏滅後の歴史変遷の予見（地涌の菩薩の出現と仏滅後の弘通《ぐづう》のための付嘱《ふぞく》）、出家主義を否定した在家主義などがあらう。

その他の理由に、サンスクリット語原典・サッダルマプンダリーカ（白い蓮華の教へ）の苦心の翻訳作業もあげられてよい。なぜなら、日本人の美的意識が漢訳妙法蓮華経に共鳴したからだ。

第二章　鳩摩羅什訳の妙法華経

二十八品構成

現在、われわれが目にする法華経は、西暦六世紀中ごろ日本に伝はつたと思はれる。その法華経とは妙法華経のことである。

この漢訳経典は、第一章でふれたやうに鳩摩羅什《くまらじゅう》の翻訳になるのだが、西暦四〇六年に完成してゐて、この年はわが国の応神天皇の時代にあたる。

妙法華経は、全体の構成において文学的イメージを掻き立てるやうな意訳が施されてをり、異訳である正法華経や添品法華経などとは一味違ふ内容を持ち、全編を通じて一貫した趣意目的と、それを実現させるための組織体系および理論を有する。

それにとどまらず仏滅後を主舞台に設定するため、嘱累品《ぞくるいほん》を経中の第二十二番目に位置づけるなど、正法華経や添品法華経が経末に配置するのとは大きな違ひをみせてゐるのである。

とともに、法華経二十八品全体を視野に入れた一経三段（序分《じょぶん》・正宗分《しょうしゅうぶん》・流通分《るつうぶん》）の組織構成、および前半の迹門《しゃくもん》と後半の本門《ほんもん》と、それぞれに同じく三段（二経三段）を認め、合して二経六段といふ重層化した合理的内容も併せ持つてゐる。

かうした構成を持つ経典は、諸経を統一する意図が示されてゐるといつてよい。諸経の中の大王と称される所以《ゆえん》である。

漢訳の法華経は古来六篇あるとされてゐる。

その中の三篇はすでに行方不明になり、残りの三篇、すなはち正法華経、妙法華経、添品法華経が今に伝はり、法華六訳・三存三没《さんぞんさんもつ》と称されてゐる。それら三種の中でも妙法華経が一頭地を抜き、正・添二経は蚊帳の外に置かれてゐて、シナ・日本では妙法華経が全盛を誇るに至つた。

ちなみに、正法華経の漢訳者は竺法護《じくほうご》（ダルマラクシャ）、西暦二八六年に翻訳が完成してゐる。正、妙法華経の翻訳を受け、のちの西暦六〇一年に、新たに翻訳されたのが、闍那崛多《じゃなくった》（ジナグプタ）などによる添品法華経である。

この三典が現在も残り、それぞれが法華経といはれてゐる。

仏典を二大別すれば

先にもふれたが、法華経はもちろん大乗経典のひとつである。大衆部の経典といつてもよい。

大きな乗り物といはれる大乗経典は、また権《ごん》と実《じつ》といふ二つの性格、二つの考へ方を持つた経典に分類され得る。それは、権大乗教《ごんだいじょうきょう》＝尓前《にぜん》の諸経典で法華経以前（尓前）に説かれた経典。それと実大乗教《じつだいじょうきょう》＝法華経の二種類のことである。

シナの仏教学者、天台大師智顗《ちぎ》は、権教《ごんきょう》について、暫用還廃《ざんゆうげんぱい》と表現し、しばら（暫）くもち（用）ゐて、かへり（還）てはい（廃）す、とそれへの定義づけをした。この定義が示すところは、真実を明かすまでの仮に必要な教へといふ意味である。したがつて権教は仏の究極の教へではない未究極の教へとなる。

この権教につき、現今の例を出すと、建築における足場であり、また、自動車運転免許制度における仮免許といつてもよい性格であらうか。それぞれ本来の目的を達成すれば廃棄される運命にある。実教は審実不虚《しんじつふこ》、審実にして虚ならず、と解釈してゐて、究竟の教へとしてゐるのである。この解釈で権実二教の意味はおほむね分かるやうな気がする。

ちなみに、権教《ごんきょう》の権は仮りとも読める。真実の教へが現はれるまでの仮り（権り）の教へのことを指してゐる。この権《ごん》を古代シナでは臨機応変と解したらしいが、権実二経といった場合、釈尊説法の次第順序とは切り離せない。したがつて、釈尊の一代記とも密接に関連してくる。

説法の次第順序を考へる

かうした権実二教《ごんじつにきょう》の存在を是認すれば、釈尊一代の説法の次第、順序を定めなければならなくなるのだが、この作業を仏教の専門用語では教相判釈《きょうそうはんじゃく》といつてゐる。釈尊一代における説法の次第順序を、各経典の教義や性格を判別し、時代の推移を確定する観察法だが、さうした次第が認められるのかどうかを含めて、仏教に対するこの点への考察は大変重要な視点だ。

しかし、この点に対する現今の仏教研究家の多くは感度が鈍い。なぜか、それは説法次第を論じる仏教徒は多分に旧態依然とした宗派仏教に執着したものといふ見方が専らだからである。説法次第を論じるのはシナや日本の祖師の偏見、時代的制約のもとでの作業とみなし、釈尊本来の真意とはいへないとの思ひ込みが強いからのやうでもある。

しかし、現代人の見解の是正を求める必要がある。そのためにも、以下にいささか立ち入つてみていかねばならない。

第三章　法華経を開く無量義経

有名な「四十余年未顕真実」の経文

釈尊の説法の次第順序といふ点で、法華経の開経に位置づけられる無量義経《むりょうぎきょう》の説法品《せっぽうぼん》第二には、「四十余年には未だ真実を顕《あら》はさず」と書かれてゐる。法華経に至るまでの仏の説法の期間を四十余年としてゐるのだ。

われ先に道場菩提樹下に端坐すること六年にして、阿耨多羅三藐三菩提《あのくたらさんみゃくさんぼだい》を成ずることを得たり。仏眼をもつて一切の諸法を観ずるに、宣説すべからず。ゆゑは如何、もろもろの衆生の性欲不同《しょうよくふどう》なることを知れり。性欲不同なれば種々に法を説く。種々に法を説くこと方便力をもつてす。四十余年には未だ真実を顕はさず。

とある。

性欲不同とは、人間の性格と欲望のことで、性欲旺盛などと使用する現在の言葉とは異なる意味である。

この経文に出てゐる年限が事実だつたのかどうかについては、無量義経成立史も視野に入れた上での検討の要はあるかもしれない。しかし、検討する上で確認しておかねばならないのは、当たり前のことであるが、経文にはそのやうに書かれてゐる事実である。

書かれるについては当然のこととしてそれなりの歴史的経過があり、無量義経はその過程で真実の経典と認められてきた経緯がある。したがつて、先の天台大師もこの説を受け、他に法華経や華厳経、涅槃経の説くところをも参酌し、釈尊の説法の次第順序を五段階・五時に分け、教相を判釈したのである。

後からみるやうに、法華経に至る期間を四十余年と認めたのである。

したがつて、この五時説は、天台大師当時における合理的解釈とせねばならないのであつて、現在知られる経典成立史とはまつたく別の価値観によつてゐる（三枝充悳『バウッダ』〈小学館〉参照）。

かうした天台大師の説にしたがつたのが、京都の比叡山を根本とする日本天台宗の立場である。日本天台宗の開祖は伝教大師最澄で、正統にその流れをくむ日蓮聖人ももちろん天台大師の五段階、五時説を採用してゐる。このやうな信念と確信を、宗派仏教の為せる業と簡単に排斥するのはいかがなものであらうか、慎重な判断が求められる。

ただし、日本天台宗の根本たる比叡山延暦寺においては、伝教大師滅後、異端に走り弘法大師の弟子となつた慈覚大師円仁《じかくだいしえんにん》や智証大師円珍《ちしょうだいしえんちん》などが出て、密教に傾きこの説を歪めた事がある。慈覚、智証大師の後に出た日蓮聖人の目には、両大師は正統な伝承を否定した反逆者と映り、慈覚、智証への厳しい批判が展開されてゐるのである。

以上のごとき背景を認めれば、五時説を検討するといふことは天台以後の流れ、歴史の流れの上に立たざるを得ず、学問の比重は、五時説といふ教相判釈説の当否云々よりも、その受容過程の検討に置かざるを得なくなる。かうして、インド仏教史、シナ仏教史、日本仏教史など流伝史を扱ふ歴史学の担当、守備範囲になるのである。

その検討にしたがへば、インド・シナ・朝鮮、日本の仏教変遷史における仏教存在の現実と実体を勘案しなければならず、わが国の鎌倉仏教にまで及ぶといつてよいのである。

日本仏教史についての一考察

少し横道に逸れるが、ここでふれておいたはうが適切と思はれるので、日本仏教の大まかな流れについて一項を設けておきたい。

なかでも鎌倉仏教については、すでに私見を提出してゐる（『日蓮王法思想への誘ひ』二一八〜二一九頁〈展転社刊〉）。そこでは、天台流の五時説を受容する日蓮聖人の立場を革新勢力とし、五時説を是認しない勢力を保守勢力とした。この保守勢力には、五時説を認めるはずの天台者流も含まれるといふ混乱も一部認められるのであるが、それはそれとして、かくみれば五時説に依拠した日蓮聖人の四箇格言（念仏無間・禅天魔・律国賊・真言亡国、法華独り成仏の法）に対し、五時説否認派からの適切な反論は成立してゐず、五時説側が当時における正統派を形成した。したがつて、五時説は改革の原点たり得たのであり、この点が遡及的に釈尊一代の説法順序を考察する大きなヒントになるのである。

　先に紹介した宗派仏教を構成するとされる鎌倉仏教の祖師がたであるが、日蓮聖人に限らず、それぞれが信奉する経典を選び、各宗派を確立してゐることは周知のことであらう。法然上人の浄土三部経（無量寿経・大無量寿経・阿弥陀経）に始まり、それを受けた親鸞上人の無量寿経、あるいは栄西禅師や道元禅師による般若経などの信奉、そして日蓮聖人の法華経といつた具合に、鎌倉仏教は雑修を排し専修《せんじゅ》を前面に打ち出し、他の経典との差異を強調した。この点で、排他的姿勢は各宗に共通してゐるのである。排他的ならざるをえない理由の一斑は、釈尊説法の次第順序を無視するところにある。各祖師に縁ある経典を随意にみつけ出し、それへの専修を弘めたからである。

　したがつて、日蓮聖人から四箇格言をもつて厳正批判されたのであり、この批判には釈尊一代の説法次第を明確にしなければならないといふ命題が存在してゐた。この点を確認することで、鎌倉仏教における正統性が成立するのであり、あへていふと釈尊一代仏教の次第順序も、鎌倉仏教において確定認知したといへなくもないのである。

天台大師の説をみる

といふことで、ここでは天台大師の五時説について、いささかふれてみよう。

天台大師の教義を要約した「天台四教儀」は「諦観録」とも称される。諦観《たいかん》とは、朝鮮の高麗僧の諦観のことで、彼が天台大師の教へを受けてまとめた解説書である。書き出しは、

天台智者大師は、五時八教を以て、東流《とうる》一代の聖教を判釈し、ことごとく尽くさざるは無し。五時と言ふは、一に華厳時、二に鹿苑時《ろくおんじ》(注・阿含と同じ)、三に方等時《ほうとうじ》、四に般若時、五に法華・涅槃時なり、これを五時となす

といふ有名な一文である。

ここには五時説とともに八教が明かされてゐて、化導の方法論からみることで化儀《けぎ》の四教とし、化導するための理論面から化法《けぼう》の四教とし、二つにわかち、化儀は頓《とん》・漸《ぜん》・秘密《ひみつ》・不定《ふじょう》で、化法は蔵《ぞう》・通《つう》・別《べつ》・円《えん》としてゐる。この八教が釈尊一代の説法においてそれぞれ混在してゐるとし、法華経を超八の醍醐となし、非頓・非漸・非秘密・非不定、蔵・通・別・円に対する純円を明かし、釈尊一代説法の究極的真理を明かしてゐるとする。

かなり複雑な内容かもしれないが、天台大師の教義を簡潔にまとめたものとの評価は高く、

仏教を学ぶものにとつての初学の教科書として活用されてきてゐるのである。

この諦観の「天台四教儀」にある五部・五時の説法次第を再整理しておけば、

一、華厳部・時　　　　二十一日
二、阿含（鹿苑）部・時　十二年
三、方等部・時　　　　八年
四、般若部・時　　　　二十二年
五、法華・涅槃部・時　八年

である。

天台大師が活躍した当時に信じられた釈尊の一代記によれば、釈尊は十九歳出家、三十歳成道、八十歳入滅となつてゐるので、合計五十年間説法されたとなるわけである。したがつて、天台大師のこのやうな計算が成立するのであるが、しかし、現在の仏教学では三十五歳で成道したことになつてゐる。さうすると天台大師当時の計算とは異なるのである。学問の進歩で釈尊一代記も訂正されるのは当然であり、出家や成道の年齢もその都度訂正される運命にある。しかし、五十年間説法説は、当時における合理的な年数であつたとしなければならないであらう。

ただ、先に出しておいた無量義経には、

初め四諦《したい》を求むる人のためにせしかども、しかも八億の諸天来下して法を聴いて菩提心を発《おこ》し、中ごろ処々において甚深の十二因縁を演説して辟支仏《びゃくしぶつ》を求むる人のためにせしかども、しかも無量の衆生菩提心を発し、あるいは声聞に住しき。つぎに方等十二部経、摩訶般若《まかはんにゃ》、華厳海空《けごんかいくう》を説いて菩薩の歴劫修行《りゃっこうしゅぎょう》を宣説せしかども、しかも百千の比丘・万億の人天・無量の衆生、須陀洹《すだおん》、斯陀含《しだごん》、阿那含《あなごん》、阿羅漢果《あらかんが》、辟支仏、因縁の法の中に住することを得

とあつて、天台四教儀の五時説と必ずしも同じではない。華厳経は阿含部の諸経の次に説いたとあるのだ。

かうした無量義経の経文と天台大師の五時説との相違につき考察を加へるが、天台流の華厳頓教説は、華厳経は法身の菩薩相手に説かれてゐて、これは釈尊の悟りの世界における観念上の説法、いはゆる神通力をもつてするもので、肉声を伴つた説法は、阿含部からとするのである。釈尊の口頭から発せられた華厳部の諸経は、方等部に接せられ、二十一日間の頓教としての華厳経とは別の、後部《ごぶ》の華厳経を指してゐる、となる。

さて、説法次第を五時・五部として確定することについて、現在の仏教学は懐疑的であることは先にふれた。原始仏教や初期仏教といはれる阿含部の諸経典類（セイロン島、現在のスリランカに伝はつた南伝仏教・パーリー語が原典）を重視してゐる現今の一部の研究者は、天台流

の五時説を認めない。

認めないといふ現実があることはあるが、五時八教説を天台大師の独創にして、普遍性のない説としてみようか、これに替はる説法順序を解明するシャープな合理的説明は、他の諸家には見当たらないのである。

光宅法雲および嘉祥吉蔵の教判

シナには法華経を重んじた諸家がゐた。

そのなかに光宅《こうたく》寺《じ》法雲《ほううん》（西暦四六七～五二九）がゐる。

彼の門では、三種教なるものを採用してゐる。これは頓教《とんきょう》・漸教《ぜんきょう》・偏方不定教《へんぽうふじょうきょう》の三種で、漸教の中に一括して方等部の諸経の説法を組み入れ、したがつて天台流の頓・漸・秘密・不定の四教、および蔵・通・別・円の四教、合して五時八教説に一脈通じるところがある。しかし、経の中心の位置づけ、諸教の統一の柱について定かではなく、いまだ合理的な一切経を俯瞰《ふかん》した判釈とはいへないのである。

また、同じくシナに、法華経を重視する嘉祥大師吉蔵《かじょうだいしきちぞう》（西暦五四九～六二三）もゐる。

吉蔵は自身の著「法華遊意」において、一代仏教を三摂法門《さんじょうほうもん》、三種法輪《さんしゅほうろん》をもつて解してゐる。

すなはち三摂法門は、
摂邪帰正門《しょうじゃきしょうもん》（法華以前の諸経）

摂《しょう》異《い》帰《き》同門《どうもん》（法華の前分）
摂因《しょういん》帰《き》果門《かもん》（法華の後分）
また、三種法輪は
根本法輪《こんぽんほうろん》（初成道華厳）
枝末法輪《しまつほうろん》（四十余年の経々）
摂末《しょうまつ》摂《しょう》本法輪《ほんほうろん》（法華経）

であるが、これも法雲と同様な誹りはまぬかれない（山川智応『法華思想史上の日蓮聖人』〈新潮社刊〉参照）。

以上のやうに、シナにおいては、法華思想系統上の諸家において、天台大師以外にも、一代説法の次第設定、教相判釈はそれなりに存在することはするが、先にも書いたやうに天台大師のごとき合理的かつシャープな説法次第説とは為し難いのである。したがつて、残念ながらわれらが信じるに足る次第説、およびそれへの説明は、天台大師以外には存在しないといはねばならない。

釈尊一代の説法次第を考へる場合、現代的批判精神にもとづいてこれを観察しても、この「信じるに足る」といふことが肝心で、何事も一応は疑ふのが現代人の性向だとすれば、疑つた後に如何なる解決を見出すのかが示されなければ物事は解決しない。

したがつて、天台大師の説への忠実な態度が求められてよからう。

現代人が満足する教判かどうかが問はれる

近代の実証主義重視の学問は、既成の学説を攻撃するのに急であつた。

わが国では、明治の文明開化時代の到来により、西洋の学問を優先させる姿勢が顕著になり、学問全般に亘り旧来の学説の見直しといふ点に重心がおかれた。この姿勢は、建設的といふ面ではあまりエネルギーがなかつたやうに感じられる。今に至るもその余燼はくすぶり、東洋的学問は時代遅れといふ謂れなきレッテルが貼られ、さうした空気がそのまま流れてゐる気がしないでもない。

仏教学でもその弊は免がれず、シナの天台大師や日本の聖徳太子、伝教大師、日蓮聖人など近代の学問の洗礼を受けてゐない諸家、あるいは近世、明治初期の師資相承による宗派僧侶の伝統教学に対しては、まづ疑ふことから開始するのである。ゆゑに漢訳の仏典より、パーリー語の原典研究を優先させることで、時間的に漢訳仏典より時代の新しい原典を必要以上に尊重するのである。

しかし、かうした姿勢は円満な態度といへるのか、はなはだ疑問である。近代学の洗礼を受けたと思ひこむ研究者や学者の説には窺へないが、東洋的な手法や古学には驚くほど大局観に立ち、総合大観してゐて、われらを満足させる思考法がまま看て取れる。それに比べ、些末なことを抉り出す式の近現代の洋学は、大観といふより局部重視、物事の存在を解体して良しとする向きがある。かうした行き方には、昨今大いなる反省も生まれてきてゐるのである。よつて、かくなる反省といふ視座を据ゑることで、天台大師の五時説も息を吹き返すことは間違ひないのでは思はれる。

話を元に戻さう。

先にもふれたが、天台大師の説くところを再説すれば、第一時の華厳部であるが、もちろん華厳経は大乗の経典である。なぜ大乗の経が最初に説かれたとするのか、天台学では、これを頓教といひ、釈尊は最初に病篤い衆生に、神通力をもつて頓服の薬として華厳経を法身（肉身ではない）の菩薩を相手として説いたとする。

釈尊の教へを聞きに集まつた人間の理解度をはかつておかうといふ意図が働いた結果、このやうになつたとするのだ。衆生の機根の程度を調査したわけである。これを擬宜《ぎぎ》といふ。ところが、衆生はこの華厳経に対しては聾のごとく唖のごとくで、さつぱり理解できなかつた。機根が大乗の教へとは乖離し、とてもではないが、低レベルでお手上げ状態に立ち至つたわけである。

そこで、次に釈尊は阿含部の諸経を説き、衆生の機根を大乗教向けに調機調養し、徐々に向上させて行つたのである。これを漸教《ぜんぎょう》といひ、漸々に衆生を誘引《ゆういん》、誘進したのである。

長い誘引、誘進の結果、そろそろ良いかなといふ時期に至り、先に説いた華厳経や浄土経のやうな深遠な教理を含んだ大乗の方等部の諸経を説いたが、この教へは菩薩の誓願を明かし、調機調養した衆生に、個人だけが救はれれば良いと導いて来たこれまでの説を豹変させ、社会全体とともなる成仏の必要性を強調したのである。小乗に執着する仏弟子たちを弾呵《だんか》し、仏国土の存在を示し、それへの到達を強く要請したのである。

つぎに般若部の諸経を説き、一切空思想を明かし、物事に対する執着を取り払へと諭した、これを淘汰《とうた》といふ。身に纏はる不純物を払ひ、一切空の心境に至る智慧をみがき、空思想を完成させ長期間の修業を苦にしない、仏の本懐を聞くに堪えた弟子を選別する作業に従事したのである。

法華経は非頓教・非漸教、その内容は付業

かうした長期の説法の後、そろそろ真実の悟りを明かさうと説かれたのが法華・涅槃部の経典である。この経典には、のちにも詳しくふれる二乗作仏《にじょうさぶつ》や久遠実成《くおんじつじょう》など、仏の悟りの全面容、すなはち、真理をあからさまに明かし、仏在世の衆生を救ひ、かつ仏滅後の衆生の教化をも予言してゐる。これを付業《ふごう》といふ。

のちにみるが法華経信解品第四にある長者窮子《ちょうじゃぐうじ》の譬へなどにより、五時・五部の説の内容を、以上の「擬宜」「誘引」「弾可」「淘汰」「付業」と開出し説明してゐるのだ。

法華経を説いた後、法華経に漏れた仏弟子を救済するため説いたのが、涅槃部の経典である。いはば落ち穂拾ひしたのであり、天台流には追説追泯《ついせつついみん》、捃拾遺嘱《くんじゅういぞく》といふのである。

以上のごとき時間経過を経てゐると捉へるのが天台大師の五時教判で、法華経を説くまで四十余年かかつたとある前出の無量義経の一文を体系化してゐるわけだ。

この説明を受け容れるか、あるいは経典成立史にこだはり、信念や信仰としての五時説を否定するか、ここが総合大観するか局部偏見に終るかの分かれ目といつてよい。

総合大観とは、個々の問題点を疑ふ世界ではない。信じる世界での円融互具観を指すのである。

五千巻、七千巻といはれる一切経の説法の次第順序を五時（五段階）に分け、それぞれの経典の位置するところを整理統一し、膨大な経巻のそれぞれの存在理由を示す天台大師や日蓮聖人の教判こそ、総合大観に価すると私は信ずる。

自らの信ずるところに従ひ、以下に法華経の世界をみていかうと思ふ。

第二部　法華経本文の世界

第一章　序品第一

前霊鷲山会

法華経は何処で説かれたのであらうか。

もちろんインドといふ歴史上存在した地上においてである。

天空に上がり説法した場面、虚空会《こくうえ》も出てくるが、それについては、のちにふれることとし、まづは地上からが順序である。これを前霊山会《ぜんりょうぜんえ》といひ、虚空会が終了したのち、再び地上に戻つてからの説法を後霊山会《ごりょうぜんえ》といふ。

これらを一括して古来より二処三会《にしょさんね》と称してゐる。

さて、前霊山会の最初の序品《じょほん》第一、品とは章と同じだが、そこには、

かくの如く我聞けり、一時、仏、王舎城・耆闍崛山《ぎっしゃくせん》の中に住したまひ、大比丘衆、万二千人とともなりき

とある。

かくの如く我聞けり（如是我聞）の「我」は、仏弟子の阿難《あなん》（アーナンダ）のことである。「聞けり」とは、説法の内容である。「一時《いちじ》」とは、過去のあるときであり、「王舎城《おうしゃじょう》耆闍崛山《ぎっしゃくせん》」とは説法場処のこと。「大比丘衆《だいびくしゅう》」とは、随伴して聴聞する人びとのことであり、一万二千人の仏弟子が聴聞したとなつてゐる。

このやうな書き出しは、人・法・時・処・伴の五つの設定を示してゐて、説法開始にあたつての約束事である。これは、とりもなほさず釈尊滅後に経典の結集を図り、仏弟子間の合意を得た上での聞き書きを示してゐて、法華経は釈尊みづから書き記した書き物ではなく、仏説を聞き書き残したといふことを示してゐるのである。

阿難（アーナンダ）の働き

如是我聞の我とされる阿難《あなん》は、つねに釈尊に随従し、かつ記憶力抜群の弟子であつたらしく、釈尊の滅後に仏弟子の手で集められたもろもろの仏説を、我は是の如く聞けり、といつて事実に近い形で、多くの仏弟子が思ひ出す内容を記録にとどめる責任者を務めた。当時は録音装置など無いので、記憶に頼るのは当たり前のことだ。

したがつて、法華経をはじめとする大乗経典は、釈尊が直接筆を執り記した文章ではない。釈尊の説法を忠実に文章化したことを表してゐる。あたかも日本の古事記や、儒教の論語、キリストの聖書などの古代文献が記憶に頼つたり、聞き書きによつたごとく、伝聞である。

かくして、華厳、阿含、方等の諸経が説き終はつた後のある時に、法華経は説き始められたのである。ちなみに、王舎城《おうしゃじょう》とは、当時釈尊が活躍したマカダ国の首都の名で漢語表記である。

マカダ国は現在のインド・ビハール地方のラジギールがその旧址とされてゐて、その都市の東北にあつた耆闍崛山といふ山上において説法されたといふわけである。この山は今も聖地として巡礼者が訪れてゐる（次ページ地図参照）。

霊鷲山々頂

この山は、別名を霊鷲山《りょうじゅせん》ともいひ、鷲の頭に似た形をしてゐて、秀麗さを誇る山である。

聴衆一万二千人の疑問

ところで、序品には「耆闍崛山《ぎっしゃくせん》の中に住して」とある。山の中がいかなる状況を指すのか判然としない面があるが、鷲の山の頂きは狭い面積しかない。一万二千人の比丘や、その他の多くの聴衆が、山頂に座るのは物理的に不可能である。頂上には少数で、あとは山道や山

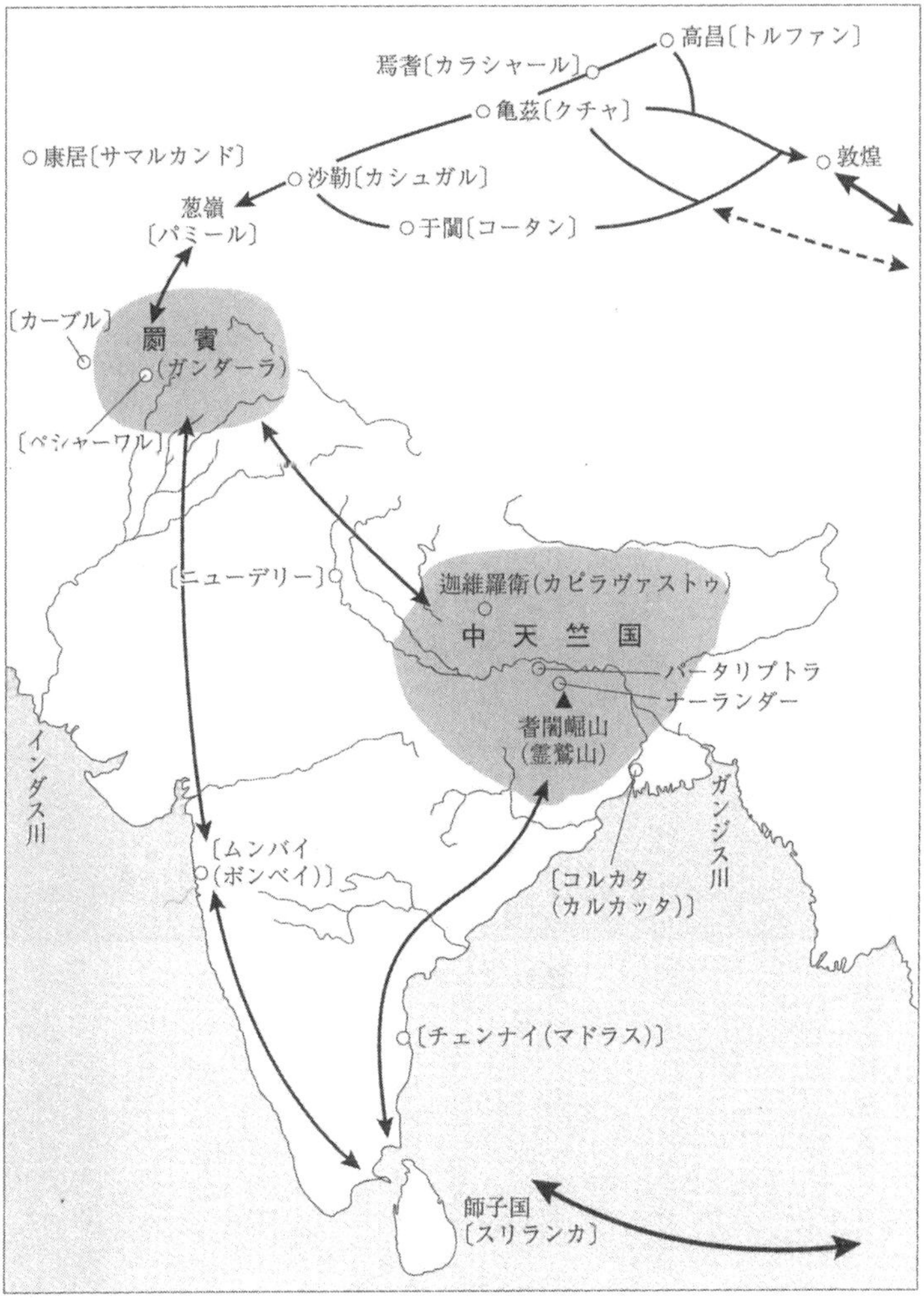

インド西域図（耆闍崛山周辺）
船山徹『仏教はどう漢訳されたか』（岩波書店）より引用

裾や麓に座つてゐたのか、それでは釈尊の音声は全員には届かない筈である。このやうな不可能なことがなにゆゑ書かれてゐるのか。

ちなみに、シナ唐時代の玄奘三蔵《げんじょうさんぞう》がこの地を訪れたをり、

その山頂はすなはち東西長く南北狭し、崖の西垂に臨みて甎（注・磚と同じ、瓦葺き）の精舎あり。高広奇製、東にその戸を闢く。如来在昔、多く居て法を説きたまふ。今、説法の像を作る。量るに、如来の身に等し

と『大唐西域記』に記してゐる。（山本晋道『天竺紀行』〈是真会出版部刊〉参照）

現地を知らなかつたシナや日本の昔の人びとは、経文の説明を信じたかもしれないが、現地を訪れた人は疑問を持つたに違ひない。

この疑問は法華経の読み方をいかにするかといふテーマにもつながる。たとへば、会場での収容人数が何名であつたとか、あるいは本生譚《ほんじょうたん》といふ仏や菩薩の過去の物語りの受け止め方であるとか、何の約束事も設けずに読むと荒唐無稽の内容とも捉へられかねない。

しかし、これらは、釈尊の神通力によるものとすべきものが多く、人間の能力を超えて現出する情況描写とすべきなのだ。

かうした神通力をどのやうに解釈すべきか、これらの難題を解決するために、先人はいろ

いろと解釈の方法を駆使し説を立てた。経文に書かれてゐることは、すべて事実であると思ひこむ方法から、経文の底に沈む義や意を汲むべきとする方法であるとかである。これらの方法は、文章をどの角度から観察するのか、読み込むのかといふテクニックのことと思はれるが、視座をどこに置くかといふ問題でもある。ともかく古人はこの点に力を注ぎ、経文の意味内容を汲み取らうと努力した。

これから説く法華経の内容を示す瑞相

以上の人・法・時・処・伴の説明を通序《つうじょ》といふ。

通序とは大前提の総序文のやうなものと解しておけばよい。

この通序につづき、別序《べつじょ》がある。

すなはち、釈尊が神通力をもつて、此土《しど》（娑婆世界）、他土《たど》（娑婆世界以外の十方の世界）における種々の瑞相《ずいそう》を示すものである。瑞相とは、人間の肉眼では見ることのできない吉祥事のことで、瑞は、瑞気、瑞雪などと使用される。瑞は目出たいことといふ意味があり、その目出度い相（すがた）瑞相が認識されたと書かれてゐて、これらはすべて仏の神通力のなせる業、これから説き出される法華経の内容を予見してゐるのである。


序品には（①～⑥は説明の必要上当方で付した）

①もろもろの菩薩のために大乗経の無量義、教菩薩法、仏所護念と名づくるを説きたまふ。②仏この経を説きをはりて結跏趺坐《けっかふざ》し無量義処三昧《むりょうぎしょさんまい》に入つて身心動じたまはず。③この時に天より曼荼羅花《まんだらけ》・摩訶曼荼羅花《まかまんだらけ》・曼珠沙華《まんじゅしゃげ》・摩訶曼珠沙華《まかまんじゅしゃげ》を雨《ふ》らして、仏の上およびもろもろの大衆に散らし、④あまねく仏の世界六種に震動す。⑤その時に会中《えちゅう》の比丘《びく》・比丘尼《びくに》・優婆塞《うばそく》・優婆夷《うばい》・天・龍・夜叉《やしゃ》・乾闥婆《けんだつば》・阿修羅《あしゅら》・迦楼羅《かるら》・緊那羅《きんなら》・摩睺羅伽《まごらが》・人非人《にんぴにん》およびもろもろの小王・転輪聖王《てんりんじょうおう》このもろもろの大衆未曾有なることを得て、歓喜し合掌して一心に仏を見たてまつる。そのときに仏、⑥眉《み》間白毫相《けんびゃくごうそう》の光を放ち、東方万八千の世界を照らしたまふに周徧《しゅうへん》せざることなし。

とある。

これを此土六瑞といふが、まとめれば、

①説法瑞《せっぽうずい》
②入定瑞《にょうじょうずい》
③雨華瑞《うけずい》
④地動瑞《ちどうずい》
⑤心喜瑞《しんきずい》
⑥放光瑞《ほうこうずい》

の六種瑞相である。

ついでこの品には

この世界において、①ことごとく彼の土の六種の衆生を見、②また彼の土の現在の諸仏を見、および諸仏の所説の経法を聞き、③ならびに彼のもろもろの比丘・比丘尼・優婆塞・優婆夷のもろもろの修業し得道《とくどう》する者を見、④またもろもろの菩薩摩訶薩《ぼさつまかさつ》の種々の因縁、種々の信解、種々の相貌《そうみょう》あつて菩薩の道を行ずるを見、⑤また諸仏の涅槃したまふ者を見、⑥また諸仏般涅槃《しょぶつはつねはん》ののち、仏舎利をもつて七宝塔を起つるを見る。

とある。

これを他土六瑞といふ。同様にまとめれば、

①見六趣衆生瑞《けんろくしゅしゅじょうずい》
②見諸仏瑞《けんしょぶつずい》
③聞仏説法瑞《もんぶつせっぽうずい》
④見四趣得道瑞《けんししゅとくどうずい》
⑤見菩薩修行瑞《けんぼさつしゅぎょうずい》
⑥見諸仏涅槃瑞《けんしょぶつねはんずい》

である。

以上の経文には此の土（地球）、および他の土（地球以外の世界、宇宙空間）における何種類かの瑞相が示されてゐる。

弥勒《みろく》の問ひに文殊《もんじゅ》が答へる

神通力が本当にあるのかないのかといふ問題提起には、先に簡単にふれた経文上の出来事を、事実あつたとする解釈に立てば、それはあるであらう。しかし、見方を変へ、現代人の常識にしたがへば、荒唐無稽な出来事となる。現代人の常識が絶対とは言ひ切れないので、これらは要するに解釈の仕方や見方の問題なのであらう。となれば、いづれでも結構なこと、とならざるを得ない。古代人の持つたイメージは、インドに限らず日本や世界各地で似通つた神通力が認められるのも注目に価ひする。

神通力の存在はさうしたあたりで妥協するのが一番無難ではなからうか。論争の対象にしないはうが、無駄な力を使はなくてよいし、経文を味はふ上で、想像力を無にする危険性もある。

経文を読む上で、今後の事もあるので、上の序品の文に出てくる「会中《えちゅう》の衆」についても、一応ふれておかう。

比丘《びく》（出家の男性）・比丘尼《びくに》（出家の女性）・優婆塞《うばそく》（在家の男性）・優婆夷《うばい》（在家の女性）までは

現実存在の人である。天から摩睺羅伽《まごらが》までは仏の神通力が示す存在で、われわれの目にはみえない。これを非人といふ。非人とは仏教的表現によるところの言葉で、人に非ざる架空の存在を指してゐる。もろもろの小王、転輪聖王は現実に存在し得る人間である。したがつて、われらの目にみえない天人や龍や夜叉などがゐるのかゐないのかこだはらないはうがよい。目にみえないものがゐると仮定した上で法華経は正しい、ゐないから法華経は間違つてゐるなどの議論は全くの不毛なのである。

以上のごとき序文を受けて、弥勒菩薩が疑問を抱き、釈尊に質問する。この質問に対し、釈尊は依然として無量義処三昧に入つたままで、かはりに文殊師利菩薩が返答するのである。文殊のいはんとするところは、この瑞相に表れてゐる状況こそ、今の法華経の会座で釈尊が説かれようとし、仏の本懐が明かされようとする布石なのだとなる。

であるから序品といふのである。

第二章　方便品第二

説法を開始する

さて、ここから本格的な仏の説法が始まる。方便品《ほうべんぽん》である。

古来この品のことを三周説法《さんしゅうせっぽう》（法説《ほっせつ》・譬喩説《ひゆせつ》・因縁説《いんねんせつ》）のうちの法説と言ひ倣はしてゐる。法説を説明する前に、三周についてまづふれておかう。

三周の周とは、法説・譬喩説・因縁説の三種それぞれに内包してゐる流れのことである。その流れを周と表現してゐるのであるが、周については、以下の説明を参考にするのが分かりよいので引用する。

仏が教へをお説きになり、聞いた人びとがこれを了解し、仏がそれを認められ、その認められたところを保証して授記をなさるのでありまして、この四つの段階をひとめぐりしたことを一周といふ（久保田正文『法華経新講』〈大法輪閣〉原現かな）

である。

周は「ひとめぐり」のこととしてゐるのだ。

そこで、この「ひとめぐり」する回路を仏教の専門用語で説明してみよう。「仏が教へをお説きになり」のことを〈正説《しょうせつ》〉。「聞いた人びとがこれを了解し」を〈領解《りょうげ》〉。「それを認められ、その認められたところ」を仏が弟子に述べ、弟子が仏に述べるのを〈述成《じゅつじょう》〉。それにもとづき仏弟子の悟りを「保障して授記をなさる」のを〈授記《じゅき》〉。

古来そのやうに言ひ慣はしてゐるのである。

このやうな正説《しょうせつ》・領解《りょうげ》・述成《じゅつじょう》・授記《じゅき》といふ循環回路が、これから述べる法説《ほっせつ》、譬喩説《ひゆせつ》、因縁説《いんねんせつ》それぞれに存在してゐるのだ。

そこで、つぎの三種類の説の法説に移るが、法説とは難解かつ難入な仏の悟りを、ストレートにその法理論を説くといふ意味である。

方便をめぐる三種類の解釈

法説の説明に入る前に、この方便について考へておかなければならないことがある。

われわれの世界には「嘘も方便」などと俗諺が在るが、この場合の方便には微妙なイメージが定着してゐる。嘘に力点をおけば方便は人を惑はす言葉になり、方便に力点をおけば嘘は衆生救済のためのテクニックになる。

かうしたイメージを持つ方便を妙法華経の異訳、正法華経では「善権《ぜんごん》」と訳し、権（仮）りに説く善を表してゐるとした。

また「巧妙な手段」と和訳してゐるのもある。それは岩本裕氏で岩波文庫本『法華経』において、この方便のことをそのやうに訳してゐる。この訳は苦心のあとがみてとれる。ただ、何か物足らない気がしないでもない。なぜなら「巧妙な手段」は何も法華経を説く場合に限ることではなく、社会万般に渉り惹起する事象だからだ。

方便が含有する義は、数義を含んでゐるので、それらのものを一言で方便と漢訳した世界を再確認する必要がある。

その義について、シナの天台大師は「三種の方便」を明かしてゐる。この解釈を是認することで方便の意味、全体が見渡せる。

以下簡単に、この三種の方便を紹介しておかう。

（1）法用《ほうゆう》方便　（2）能通《のうつう》方便　（3）秘妙《ひみょう》方便

である。

（1）は、法と用に別けられる。法に方（小乗）と円（大乗）があり、用に差（差別）と会（融会）があるとするが、要は小乗と大乗の両者が隔別して存在してゐるとする。すなはち、小乗と大乗は異なる存在で、小乗教を貶《おとし》めた内容を説くのが法用方便となる。

しかし、小乗と大乗とは互いに通じる内容があり、あひ通じ合ふ性格を持つてゐる。したがつて、二乗を成仏に誘導するために用ゐたのが能通方便だとなる。そこで（2）の能通方便は（1）の法用方便と共に考へられなければならなくなる。この両者は、法華経に至る過程で使用された方便であり、巧妙な手段を用ゐたのである。

そのやうに考へてくると、一切の存在、諸法はすべて実相につながるので、これを（3）の秘妙方便と言ひ、法華経に至って初めて明かされた方便だとなるのである。この秘妙方便を用ゐて二乗を成仏させ、菩薩乗も開顕され、三乗が一乗に統一されたのである。

以上のやうな天台大師の見方と、現代の和訳の双方からみれば、方便なる言葉は以下の三点に要約できさうである。

A、人間に教へを垂れる時、徹底した機根の区別化を図り、その機類を見極める。

B、その上で見極めた性向の共通性を探し出し、その点を示し、衆生の反応を見る。

C、区別性と共通性とを統一し、人間本来の価値と万物存在の本質性、実相を説く。

法華経において、以上のやうな巧妙な手段が釈尊によって用ゐられてゐる。これを方便と表現してゐるのだ。

聞き手は舎利弗

先にも少しふれたが、妙法華経は二十八品から成り立ってゐる。しかし、提婆達多品第十二を勧持品第十三に含めるか別立させるかの問題があり、含めるとする説、すなはち正法華経や添品法華経によると二十七品になる。

この二十八品を前半（序品第一～安楽行品第十四）と後半（従地涌出品第十五～観普賢菩薩勧発品第二十八）とに分類し、前半を迹門と呼び、後半を本門と呼ぶ。この二門は、仏の資格・位に対応させ、始覚《しかく》の立場を垂迹門《すいしゃくもん》、本覚《ほんがく》の立場を本地門《ほんじもん》といひ、これは仏が覚つた時期を巡る時間観から割り出した表現で、迹門の始覚（覚りに始めと終りあり）か、本門の本覚（覚りに始めと終りなし）かによつて説く内容が天地さかさまになるほど違ひが表れる。すなはち、釈尊の寄つて立つ位、日本の相撲に例へれば、横綱か新弟子かの相違といつてよい。

方便品は迹門の中心を形作つてゐて、舎利弗《しゃりほつ》（シャーリープトラ）を相手として、彼を代表に位置づけ、仏性・仏智見を開示悟入《かいじごにゅう》し、人間成仏の可能性をストレートに他のテクニック、譬喩や因縁を交へずに説くのである。

諸法実相を説く

無量義処三昧から起つた釈尊は、舎利弗に向かひ、

諸仏の智慧は、はなはだ深くして無量なり。その智慧の門は解り難く入り難く、一切の声聞、辟支仏《びゃくしぶつ》の知るあたはざる所なり

と説き出だした。

辟支仏《びやくしぶつ》は縁覚のことで、独覚ともいふのであるが、声聞や縁覚の二乗の境地では到底およばない覚りを懐いてゐるのが仏なのだとまづは宣言した。

ここから、ではその深く大きい覚りとは何かにつき説かれる。

この深くて大きな、難解《なんげ》難入《なんにゅう》の覚りとは、

唯《た》だ仏と仏のみ、乃《いま》し能《よ》く究尽《くじん》したまふ。謂ふところは諸法の是の如き相と、是の如き性と、是の如き体と、是の如き力と、是の如き作と、是の如き因と、是の如き縁と、是の如き果と、是の如き報と、是の如き本末《ほんまつ》究竟等《くきょうとう》となり

である。

是の如き相・性・体・力・作・因・縁・果・報・究竟等《くきょうとう》を十如是といふ。

このやうにして難解難入の十如是、諸法実相が明かされたが、これはあくまでも釈尊がこれから説かうとする総論ともいふべき法門である。そして、その法門を受けるかたちで、具体的な内容が説かれる。しかし、簡単には説かれない。入念な警告が釈尊から発せられるのである。

説法開始にあたり厳重な儀式が行はれる

というのも、釈尊は三度に渉る舎利弗《しゃりほつ》の要請を止め、三度の要請ののち漸く乞ひを許し説法を開始するといふ儀式を行なふからである。古来この儀式を三止三請《さんしさんしょう》重請許説《じゅうしょうこせつ》といひ

> その時、世尊は舎利弗に告げたまふ。汝はすでに慇懃《いんぎん》に三度請へり。あに、説かざることを得んや。汝よ、いま諦《あきら》かに聴き、よくこれを思念せよ。われは当に汝のために、分別し解説《げせつ》すべし

とある。

釈尊による三度の拒否と、仏弟子による三度の要請、そして再度の要請に対する許可、かうした手法は、後に出てくる寿量品にも似たやうな儀式（四誡四請《しかいししょう》ともいふ）があるが、重要な教へを説き出すについての儀式、釈尊から弟子への念告であらう。とともに、この儀式には釈尊の卓抜した教化術が感じられる。われわれの世界でも重要な事柄を伝達する時、念には念を入れるといふことがある。しかし、それらとは類を絶したものであり、それあるがゆゑにこの儀式の直後、五千人の仏弟子が座を立ち、釈尊のもとを去りゆくのである。五千人を一人ひとり数へたわけではなからうが、それらの起去を制止せず

退《しりぞく》も、また佳《よ》し

と去りゆかせた釈尊は、いよいよ重要な儀式に見合ふ巧妙な手段を駆使した教へを、あからさまに説き出すのである。

一大事の因縁

テーマは一大事因縁《いちだいじいんねん》である。

諸の仏世尊は、唯、一大事の因縁をもつての故にのみ、世に出現したまふ

に続けて

衆生をして仏知見を開かしめ、清浄なることを得せしめんと欲するが故に、世に出現したまふ。衆生に仏知見を示さんと欲するが故に、世に出現したまふ。衆生をして仏知見を悟らしめんと欲するが故に、世に出現したまふ。衆生をして、仏の知見の道に入らしめんと欲するが故に、世に出現したまふ。舎利弗よ、これを諸仏は、唯、一大事の因縁をもつての故にのみ、世に出現したまうとなすなり

ここのところで、釈尊は一切衆生に仏と同等の性を認めてゐる。衆生の仏知見の開・示・悟・入がさうである。

衆生とは即人間の事に他ならないのであつて、この人間の内奥に潜んでゐる仏性を開き、示し、悟らせ、入らしむるのが仏の仕事であり、そのためにこの世に出現したのだとしてゐる。このことを一大事の因縁だといふのである。なほ、因縁については、のちの因縁説のところで詳しくふれる。

そして、その仏には過去、現在、未来、十方《じっぽう》、今の釈尊など五種の仏がゐて、それらの諸仏がそれぞれ同じ法、一乗の法、妙法を覚るのだと明かされてゐるのである。これを五仏同道《ごぶつどう》と称する。

このやうにして釈尊の説いた法は、先の諸法の実相、一乗の法、妙法といふこととなり、声聞、縁覚、菩薩の三つの乗り物に乗る衆生に、唯一仏乗といふ乗り物があることを明示したわけだ。すなはち、三を開いて一を顕発したのである。

釈尊によつて、この乗り物の至る終点が仏の境地、運ぶ原動力が仏と法、仏は三世十方の一切の仏、法は妙なる法＝白い蓮の華の法、といふ定義が示されたわけである。

十方仏土の中には、唯、一乗の法のみありて、二も無く、三も無しとの宣言が、そのことを証明してゐる。

したがつて、仏弟子を代表する格好で舎利弗が主な対告衆となつた方便品は、その舎利弗の成仏を予想し、

舎利弗よ、……もろもろの疑惑なく、心に大歓喜を生ぜよ、自ら当に仏と作《な》るべしと知れ

で終了するのである。

第三章　譬喩品第三

成仏の約束

次の譬喩品第三では、先の方便品において授記の予約をうけた舍利弗に対し、正式な授記が行はれ、それにまつはる譬へ話が展開してゐる。

譬へ話の内容についてふれるまへに、授記についていささかみておきたい。そもそも記を授けるといふことは一体どういふことなのであらうか。

武術の世界では、師範が門人に印可（允可）状を授け、それを門人が受けるといふことがある。これは免許皆伝といつても同じ意味と思はれるが、仏教も同様で、印可を仏が仏弟子に口頭で授けることを授記といひ、その記を仏弟子が受けるのを受記といふのである。すなはち、釈尊の許しが出て仏弟子たちの未来における成仏が約束されることである。

これはあたかも、諸技術の習得のため、専門学校で所定の教科をマスターし、すべてのカリキュラムをこなした上で期満じて受ける卒業証書に該当するものといつてよい。

卒業証書はあくまでも資格取得の第一歩、スタートであり、未だ本格技術者とはいへない。

実技や実生活の面では、インターンを経験しなければならず、完璧は期せないのである。したがつて、受記とは成仏の予約を拝受したといふごときものであらう。

ちなみに、岩波文庫本『法華経』において岩本裕氏は「授記」を「予言」と訳してゐる。授記は予言には違ひなからうが、予言とした場合は、未来に主点を置いてゐることになり、釈尊在世の仏弟子に対する仏の行為、二乗作仏の完成といふ立場は顧みられない趣が漂ひ、未来における当否が確定しなくなる虞《おそれ》が無いでもない。

また、予言では仏弟子の成仏は釈尊在世当時には確認できなくなり、法華経の特色とする二乗の成仏が反故になりかねない。さうした趣きが出かねないのである。しかも、予言では授記、受記のすべてを言ひ表し全体のイメージを描くことは出来ない。授記は授記としておくのが穏当なところのやうに思はれる。

なぜかうした訳がでてくるのか、この点に関しては、善し悪しは別として、漢訳語の浅解といふ問題があるかもしれない。漢訳経典そのものの軽視にも繋がり、梵文の原語に対する過度の傾斜による悪弊が表れてきてゐるのではとも思はれるのである。

仏とは何か

舎利弗が成仏すること、すなはち二乗が作仏する、仏に成るといふことについて、仏とはいかなることなのか、この点を考へる必要もあるので、ここでふれておかう。

仏とは覚者といふことである。「覚れる者」あるいは「目覚める人」「知れる人」であるから宇宙の真理（法）を覚る人といふ意味で、それゆゑ称号が付与され、如来や世尊、人天師《にんでんし》など十種の称号があり、凡夫とは違ふ立場に立つことで、世の人びとから尊敬され、供養を受ける資格が生じる。応供《おうぐ》とも尊称されるのである。

ただし、宇宙の真理とは何かが問題で、一口に宇宙の真理や、単に真理といつたのでは、その真理なるものの何かが分かつたやうで、曖昧な意味しかつかめない危険性がある。真理を具体的に説明する必要も出てくるのである。

仏教ではこの真理をダルマ（法）といふのであるが、その法につき、三惑を断尽した状態に至り摑み得る真理・法と捉へる。

三惑《さんなく》とは見思《けんじ》の惑（見惑《けんわく》を五利使《ごりし》、思惑《しわく》を五鈍使《ごどんし》と分類し、個人に備はる我を十種に分ける。五利使の代表に位置付けられる「辺見《へんけん》」「邪見《じゃけん》」などや五鈍使の代表に位置付けられる「瞋恚《しんに》」「愚痴《ぐち》」などのこと）、塵沙《じんじゃ》の惑（菩薩が衆生救済に当たる場合に様々な悩みを感じること）、そして無明《むみょう》の惑（菩薩が覚りを開くに際し、究極的な最後の疑惑、元品《がんぽん》の無明《むみょう》のこと）であるが、この三惑を段階的期間をへて断尽したのが仏、覚者といはれる偉大な存在である。

したがつて、仏とはあくまでも人間から覚者に昇華した人で、キリスト教の神、宇宙を創造した神といふ唯一の神なる性格ではない。

法華経においては、方便品に説かれた十如の法、難解難入な諸法の実相、かうした法を覚れる仏に、舎利弗も成ることが出来ると授記されたのである。

仏の国土とその名号に留意しよう

さて、方便品の最後に成仏の可能性を示唆された舎利弗は、この譬喩品において正式な記を受ける。この記を受けるについて経文上では、一部変則はあるものの、概して一定の決まりがある。それは仏名・劫《こう》名・国名が付与されてゐることだ。未来に成仏する仏弟子の仏、時代、仏国土それぞれ命名されてゐる。

舎利弗には

> 汝は未来世において、無量・無辺・不可思議の劫を過ぎて、若干の千万億の仏を供養し、正法を持ち奉り、菩薩の行ずる所の道を具足して、当に仏となることを得べし。号を華光如来・応供・正遍知・明行足・善逝・世間解・無上士・調御丈夫・天人師・仏・世尊といひ、国を離垢と名づけん……その劫《こう》を大宝荘厳と名づけん。

とある。

この経文にある「劫を過ぎて」の劫の意味は、長時間と捉へるにとどめておくこととし、如来以下世尊までの称号を古来、仏の十号といひ、それぞれが仏の持つ功徳を表はすとしてゐる。

ここで注意を喚起しておかねばならないのは、未来に仏に成る舎利弗の国土に名前がついてゐることである。

その名前は離垢《りく》、サンスクリット語ではヴィラジャ、意訳すれば「塵芥がない」「清浄な」などである。

法華経はもちろんであるが、大乗の教へでは、覚りを開いた仏は国土を領することとなつてゐる。浄仏国土などとあるのがそれで、たんに人間個人の成仏のみが予約されるのではない、必ず土《ど》（国土）を伴つた成仏なのである。

舎利弗の離垢世界に引き当てて考へれば、塵芥がなく、清浄な国土を領するといふことで、その国土には多くの人間が住み、それらの衆生とともに成仏するのを示してゐる。これは大乗教による仏国土建設といふことで、また、国土成仏ともいふのである。この場合、国土には草木などをも含め、「一草一木悉皆成仏《いっそういちもくしっかいじょうぶつ》」の立場も認められる。

かうした一仏乗による仏国土思想がわが国に流入したことで、一仏一国土といふ思想が、古来より存在してゐた日本天皇の統治をもたらす国体思想と強く共振共鳴し、日本人の心を摑み取つた。

火宅から出るための三車

授記についてはこれぐらゐにし、譬へ話に移らう。

譬喩品《ひゆほん》第三、信解品《しんげほん》第四、薬草喩品《やくそうゆほん》第五の三品とも、譬へ話が展開してゐる。譬喩品では方便品において予想された舎利弗への授記があり、四大声聞や他の仏弟子などには、その後の諸品において記が授けられる、といつたストーリーになるのだ。

では、何故に譬へ話なのであらうか。

先の方便品のところで三周説法についてふれ、方便品は法説《ほっせつ》であるといふことを述べた。譬喩品や信解品、薬草喩品のメインテーマになる譬へ話は、三周説法のなかの譬喩説のことを指してゐるのである。

第一周の難解難入《なんげなんにゅう》の法説《ほっせつ》を理解したのは舎利弗ただ一人であつた。その舎利弗に

その時、仏は舎利弗に告げたまふ。われ、先に諸の仏・世尊が種々の因縁と譬喩と言辞とをもつて、方便して法を説きたまふは、皆、阿耨多羅三藐三菩提《あのくたらさんみゃくさんぼだい》のためなり、と言はざりしや。この諸の所説は、皆、菩薩を化せんがための故なり。しかも舎利弗、今、当に譬喩をもつて、更にこの義を明らかにすべし。諸の智《ち》ある者は、譬喩をもつて解《さと》ることを得ればなり

と呼びかけられたのである。

その譬へが「火宅三車《かたくさんしゃ》」である。

火宅三車とは、盛んに燃え上がる舎宅、火宅を設定し、この火宅内に遊び呆けてゐる子らを哀れと思つた主人が、羊・鹿・牛の三種類の車で家の外につり出し、脱出させ救済する、このやうな主人と子らとの関係を譬へとして提出したものである。

火宅については日本浪曼派の作家、壇一雄が『火宅の人』といふ作品を書いてゐるが、人間の苦悩をあからさまに書き表はし、煩悩の充満する状態を火宅と表現し、この経文を借用して題名をつけたやうである。この題名は本文の内容を的確に表現したもの、なかなか上手い命名と思はれる。

先の方便品のところで三周説法についてふれ、方便品は法説《ほっせつ》であると述べた。譬へ話は三周説法のなか、二周目の譬喩説《ひゆせつ》のことである。

第一周の難解難入の法説を理解したのは舎利弗ただ一人であつたが、譬喩説の相手は四大声聞といはれる須菩提《しゅぼだい》・迦栴延《かせんねん》・迦葉《かしょう》・目連《もくれん》である。彼らは記を授かつたのである。

信解品、薬草喩品の譬へについて、次章でみてゆかう。

第四章　信解品第四　薬草喩品第五　授記品第六

長者窮子の譬へ

長者窮子《ちょうじゃぐうじ》とは、財宝に恵まれた大富豪の子が、幼少のをりに家出し行方不明になつてゐたが、ある機会に両者は際会し、みすぼらしい姿を現じてゐたわが子を、長い時間をかけて自らの子と覚らせ、長者がみづからの財産を窮子に相続させる、このやうな譬へを提出したものである。

三草二木の譬へ

三草二木《さんそうにぼく》とは、雨と草木を設定し、草に三種、木に二種あるを認め、それらにふりそそぎ成長させる雨を仏の説法になぞらへる譬へを提出したものだ。

以上のやうな三種の譬へ話は、それぞれ主人、長者、雨が仏および仏の施教のことを指し、遊びに熱中する子ら、みすぼらしい窮子、草と木などは仏の弟子を示してをり、両者の関係性や難解難入の法を覚るまでの過程を、それぞれ譬喩したものである。

この譬喩は、声聞、縁覚、菩薩の三乗と、一仏乗の差別化を図り、方便品で示された諸法実相、および唯一大事因縁による仏の出現の意味を連想し、仏弟子に具はる仏性について説き尽くされたわけである。

譬喩品では舎利弗が、授記品では須菩提《しゅぼだい》・迦栴延《かせんねん》・迦葉《かしょう》・目連《もくれん》の四大声聞など、仏の教団内における上機・上根、中機・中根の弟子たちが記を授かるのである。かくして仏弟子中のエリートへの授記は完了したのであるが、残りの多くの下機・下根普通の弟子は未だ授記に与つてゐない。

さてどうなるのか、授記品第六の最後には

> わがもろもろの弟子にして、威徳を具足せるもの、その数五百なるにも、皆、まさに記を授くべし。未来世において、ことごとく成仏することを得ん。われ及び汝等の、宿世の因縁を、われ今まさに説くべし。汝等よ、善く聴け

とあり、次なる五百人の仏弟子を相手として、彼らが成仏するいはれ、過去の因縁が説き出だされるのである。ちなみに、「威徳を具足せる」とは、小乗の戒律を完璧に守ることで得る功徳（威徳）の事である。

第五章　化城喩品第七

因縁とは何か

化城諭品《けじょうゆほん》、ここから三周説法のなかの第三周目、因縁説の開始である。

そもそも因縁とは何か、思ひ出していただきたいが、方便品のなかには、一大事因縁といふ言葉があつた。この場合の因縁とは人間が仏になる、仏と同等な立場に立つためのいはれにつき、衆生の仏性を開示悟入する、そのための大きく深い因と縁があるといふことであつたが、因縁とは何かについては詳しく説明はされなかつた。たんに言葉を出しただけなのである。

ところが、化城喩品《けじょうゆほん》では、その意味について、以下のごとくストーリーを展開させて説明してゐる。理解しやすいやうに箇条書きで追つてみると

①過去に大通智勝仏《だいつうちしょうぶつ》がゐた。
②その仏が入滅してより三千塵点劫《さんぜんじんじんてんごう》といふ時間が過ぎてゐる。
③仏には昔国王のとき十六王子がゐた。

④王子たちは、父の王が覚りを開いたので父の仏のもとに出家した。
⑤王子たちも覚りを開き、それぞれ衆生を教化した。
⑥この中の十六番目のもとの王子たる仏が、誰あらう、今の釈迦牟尼仏・釈尊である。
⑦教化するについては、退転しがちな二乗根性の弟子に、幻の城、化城を設へ退転を防止し、宝処（仏の境地）の存在を信じさせた。
⑧下機下根《げきげこん》の弟子は、それを信じることで救済を得ることが出来た。今の法華経の聴衆がその時の弟子である。
⑨かうした過去からの決まり事、因と縁があるゆゑ、すべての仏弟子は成仏といふ果と報を得ることが出来た。
以上の九点が、化城喩品における因縁説の大まかな流れ、ストーリーである。

この流れにしたがへば、ここでいふ因縁とは、過去から今に続くものであり、今の出来事は過去からの決まりによつて、すべて生起（縁起・縁生）してゐるとするもので、人間レベルの力ではいかんともし難い、因と縁がもたらす果と報なのだとなる。

方便品や譬喩品などで説法された法説、譬喩説を、因縁といふ過去からの決まりごとに力点をおき、化城を現じることで繰り返し説明し、法説や譬喩説で理解できなかつた弟子を救済してゐるのである。

三千塵点劫といふ時間の概念

ちなみに、②の三千塵点劫について一瞥しておかう。

といふのも、後に出てくる如来寿量品にある五百塵点劫とよく似てゐる譬へであり、それとの区別を確認しておく必要があるからだ。

経文にはこのやうにある。

譬へば、三千大千世界のあらゆる地種を、たとひ人ありて磨《す》りてもつて墨となし、東方の千の国土を過ぎて、すなはち一点を下さん。大きさ微塵の如し。また、千の国土を過ぎて、また一点を下さん。かくのごとく、展転して地種の墨を尽くさんがごとし。汝等の意において、いかん。この諸の国土をば、若しくは算師の弟子にして、能く辺際を得て、その数を知らんや、否や。

三千大千世界の説明は古来このやうにされてきてゐる。

すなはち、須弥山《しゅみせん》を中心にした一世界（一仏の教化が及ぶ範囲内のこと）を千集めたのを小世界とし、その小世界を千集めたのを中世界とし、中世界を千集めたのを大千世界とするものである。今の物理学が明かす宇宙の広さは、この法華経に説く三千塵点劫といふ長さに近づいてきてゐるやうな気がしないでもない。

さて、この大千世界は三千大千世界と同じことであるが、その世界のすべての地種を磨り潰して墨となし、その一滴を東方の千の国土を過ぎ下しつつ、墨が尽きるまで下す、この間に存在する国土の数はどれだけのものであらうか、数へるのに困難を覚えるであらう、といふのが三千塵点劫の譬へ話である。

かうした過去に、大通智勝仏は滅したといふのである。滅したといふことは、滅度後このやうな時間が経過してゐるといふことに他ならない。

この譬へは、現代人の想像を絶した時間である。かうした時間観は、インド的で、科学といふよりも文学的表現といへなくもないが、恐るべき時間観、宇宙観である。わが国であつたら昔々、ある所にお爺さんとお婆さんがゐました……式で済ませるところかもしれないが、ともかく法華経にはこのやうなことが説かれてゐるのだ。

もつとも、寿量品では三千世界云々のところを五百の三千世界と位どりを一から五百に増した時間経過が出てくるのであるが、その点は後にふれることにならう。

また⑦の化城については、かつて浄土宗総長を務め、今は故人となつた作家の寺内大吉が『化城の昭和史』といふ小説を書いてゐる。そこには、近代の日蓮主義者を痛罵してゐるのだが、この題名は、化城喩品を参考にしてつけてゐると思はれるが、昭和は幻の城だといひたかつたのであらうか。

第六章　五百弟子授記品第八　授学無学人記品第九

すべての弟子に授記する

かくして、因縁周の説法は終了した。

この説法により、富楼那《ふるな》が代表となり記を受けるのであるが、富楼那は

われは常に、その、説法人の中において、最も第一なることをたたへ、また常にその種々の功徳を歎ず

とあるとほり、説法第一の達人で、「富楼那の弁」で有名な仏の十代弟子の一人である。

この富楼那が記を受けたことに連動して、阿若憍陳如《あなきょうじんにょ》ら五百人の弟子、および千二百の弟子らにも記が授けられる。したがつて、五百弟子受記品といふ品名は、本来なら千二百弟子受記品とすべきなのではないかとの疑問符がついてもをかしくはない。

が、それはともかくとし、化城喩品を聴聞した多くの弟子が記を受けるのであり、五百弟

子の領解したところを、衣裏宝珠《えりほうじゅ》といふ譬へを用ゐ、釈尊に言上するのである。

人有りて、親友の家に至りて、酒に酔ひて臥せるがごとし。この時、親友は官《おおやけ》の事ありて当に行くべかりしかば、無価の宝珠をもつて、その衣の裏に繋《か》け、これを与へて去れり。その人、酔ひ臥して、覚知せず、起き已りて、遊行して他国に到り、衣食のための故に、勤めて求索《もとむ》ること、甚だ大いに艱難し、若し少しく得るところあれば、便ちもつて足れりとなせり。後において、親友に会遇し、これを見、この言をなす「咄《つたな》いかな、丈夫よ、何ぞ衣食のために、すなはち、かくの如くなるに至れるや。われ昔、汝をして、安楽なることを得て五欲に自ら恣《し》ならしめんと欲して、某の年日月において、無価の宝珠をもつて、汝の衣の裏に繋《か》けしなり。今、故に現にあり。しかるを汝は知らずして、勤苦し憂悩し、もつて自活することを求む。甚だこれ癡かなり。汝は今、この宝をもつて、須《もとむ》る所に貿易《かへ》るべし。常に、意の如くにして、乏しく短《たらざ》る所無からしむべし」と。

これを衣裏宝珠の譬へといふのである。

酒による失敗を論ふことに、共感を覚える向きが多いかもしれないのであるが、釈尊の時代に酒による失敗がすでに存在してゐたこととともなり、人類と酒とは切つても切れぬ関係で、その起源は遥かなる悠久の時をたもつものなのであらうか。かるがゆゑに小乗仏教で不飲酒戒が説かれる必要も認められるのだらう。

感銘を受けた序にといつては不謹慎であるが、先にみた譬喩説のなかの「三車火宅」は釈尊が、「長者窮子」は仏弟子が、「三草二木」は釈尊が、それぞれ譬へを出したものであり、この衣裏宝珠は仏弟子のものである。

このやうにみると、譬へ話には二種の類型があることに気づく。この二種の類型は、三周のをりふれた「述成」が仏と仏弟子との双方からなされてゐることにも通じると解されるのである。

かくして、下機下根の千二百人、五百人に対する授記は終了した。

次なる相手は、阿難と羅睺羅《らごら》である。この両者は阿難が学人を、羅睺羅が無学人を代表してゐるのであるが、これらを併せて学無学人といふ。ただし、無学人とは、人間の煩悩を断尽したものをいふのであり、学人とは未だ煩悩を断じ尽くさない人間をいふのである。先にふれた非人と似たやうな感覚であるが、現今の常識とは真逆の意味である。注意を要するところであらう。

残りの二千人に授記する

阿難と羅睺羅は釈尊に向かひ

阿難は常に侍者となりて法蔵を護持し、羅睺羅はこれ仏の子なり。若し仏にして阿耨多羅三藐三菩提の記を授けられなば、わが願は既に満ち、衆の望みもまた、足るならん

と申し上げた。

かうして、法華経の会座にゐた残りの二千人の学無学の仏弟子は、阿難と羅睺羅の推薦により、すべて成仏の記を忝《かたじけな》くしたのである。法華経序品に列なつたすべての仏弟子の成仏は保障されたが、女性への授記は、なぜかのちの勧持品第十三に持ち越されるのである。

これまでの法華経前半、迹門の流れを整理しておくと

序　分＝序品

正宗分＝方便品〜授学無学人記品

といふ流れになり、正宗分における説法で、人間成仏、二乗作仏は完了した。しかし、法華経はそれではすまなかつたのである。なぜか、釈尊滅後の衆生のため、この法華経を弘通する継承者を確定する作業が残されてゐたからである。

流通分＝法師品〜安楽品

がこれであり、迹門の流通分に相当するのだ。

第七章　法師品第十

迹門の流通分の開始

迹門の正宗分が終はり、これからいよいよ迹門の流通分《るつうぶん》に入る。

これまで進めてきたところを復習すると、序分に続く正宗分は、方便品から五百弟子授記品、授学無学人気品までである。正宗分においては、法説に始まり譬喩説、因縁説と展開し、仏弟子全てに釈尊は記を授けた。要するに二乗作仏が確定したのであり、そこまでが正宗分になる。その後を受けて、正宗分で説かれた教説を流通させていく、この流れを通はせて広がりを持たせ、それを説いていけばいかなる状況になるのかといふのが、法師品第十から安楽行品第十四に至る流通分であり、正宗分が展開した内容の敷衍《ふえん》といつてよろしいのである。

ところで、迹門《しゃくもん》の意味はすでに説明してゐるが、迹《しゃく》といふのは「あと」といふ意味になり「あと」を垂れる、いはゆる垂迹《すいしゃく》である。わが国の歴史上の言葉として、本地垂迹説《ほんじすいしゃくせつ》が世の中に行き亘つてゐるが、本体がわれわれの世界に現れてきてをり、現れてきてゐるのは仮のすがた、もともとは本体が在るとなる。

例へてみると、月が地上の水面に映る、水面に映つたのも月に変はりはないが、それは水がなくなれば月もなくなつてしまふのであつて、天空に輝いてゐる月が在るから月は水に映る、水に映つた月のやうなものが迹と理解していいのではないか、といふことだ。

迹門の主テーマは二乗の作仏である。

二乗の作仏といふのは、人間成仏、仏弟子成仏、われわれと同じ肉体を持つた、仏を慕つて教へを受けた、さういふ人びとが全てそこで成仏の記別を受ける、卒業免状を受けるのである。記別は将来において仏になる可能性がはつきりと証明されたといふことであり、記別を受けたその迹門の内容、あるいは教へを今後どのやうに展開していくかといふのが流通分になる。

その流通分についてこれからみて行くわけだが、その前に流通分で目を向けなければならないのが対告衆《たいごうしゅう》についてである。

菩薩を相手として説く

対告衆といふのは、説法を聞く側、説法を承る立場の衆生のことである。これまでの正宗分では、対告衆は声聞・縁覚が中心になつてゐた。法説では舎利弗に対し説法をし、舎利弗は次の譬喩品で記別を受ける。そして、譬喩品では四大声聞に対していろいろな譬へを説いて、その次の品で四大声聞が記を受ける。最後、化城喩品では因縁説を説いて、授学無学人気品において全ての衆生が成仏できると許しを得る、かういふ対告衆であつたわけである。しかし、流通分に移ると、経文の上では二乗が中心であつた対告衆が、菩薩に代はつてきてゐる。菩薩が中心になつて二乗は従に移行していくといふ変化が現れてくるのである。

例へば法師品第十には

その時、世尊は、薬王《やくおう》菩薩《ぼさつ》に因《よ》せて、八万の大士《だいじ》に告げたまふ

と出てくる。法師品の対告衆は薬王菩薩になる。

その次の宝塔品では

その時、菩薩・摩訶薩の大楽説《だいぎょうせつ》と名づくるものあり、一切世間の天・人・阿修羅等の心の疑ふ所を知りて、仏に白《もう》して言はく

このやうに大楽説菩薩が対告衆になつてゐる。

その次の例として勧持品では

薬王菩薩・摩訶薩と及び大楽説菩薩・摩訶薩とは、二万の菩薩の眷属《けんぞく》とともに皆、仏の

御前においてこの誓ひの言葉をなす

と説かれてゐる。

安楽行品第十四には

その時、文殊師利法王子菩薩・摩訶薩は、仏に白して言はく「世尊よ、この菩薩は、甚だこれ有ること難し。仏に恭順したてまつるが故に、大誓願を発《おこ》すなり。後の悪世において、この法華経を護持し、読誦し、説かん」と

とあり、文殊師利菩薩が対告衆になる。

このやうにして、対合衆も異つたステージにアップしてゐるのであるが、二乗が果たすべき立場とは異なつた、菩薩が果たすべき立場が出てくる。これこそが法師品以下安楽行品に至る迹門の流通分の特色なのである。

法華経の醍醐味

このやうな法華経の説相をみると、物語が次から次へと展開していってゐるのに気づく。物語が展開するすがたは、法華経の全体構成の醍醐味といっていいものである。正宗分で二

乗が作仏した、記を受けた、ならば法華経はそこで終はつてもいいわけである。なぜ終はらないのか、仏弟子が仏に願つて教へを受けるといふテーマに即してこの点を考へてみよう。

原始仏教といはれる仏教が始まる折には、釈尊には五人の弟子がゐたことになつてゐる。この五人は悉達太子が出家する時、一緒に出家してともに修業をした人びとである。釈尊とともに苦しみの行を六年間行なつたが、その苦行を終はつた時に、釈尊が尼連禅河《にれんぜんが》、ガンジス河の支流のひとつである河のはとりに、苦行の修行場から出、その土地のうら若き女性が奉つた乳の粥、牛乳との説もあるが、その粥を飲んだ、それを飲んだのを見た五人は、釈尊は堕落した、苦行を断念したといふ判断で釈尊の元から離れていくのである。

ところが釈尊が最初悟りを開き、これを誰に伝へるかといふ時に、いろいろと苦悩し、聞く相手がゐないのではないか、自分は悟つたけれど、説く相手がゐない。これは考へてみれば当たり前のことだが、仏の悟りがあつても仏教にはならない、仏法としては成立するかもしれないが、仏教として続いていくためには聞く人がゐないと、仏の教へにはならない、その苦悩を味はつて、そこで思ひ付いたのが、去つて行つた五人の弟子に説くべきだといふことであつた。

釈尊は、はたとこのことに思ひ至つて、その五人の弟子が修行してゐた祇園精舎に赴き最初の説法をした。

その説法を聞いて、釈尊は堕落したのだと見限つてゐた五人の弟子が、教へを受けたことによつて教団がそもそもでき上がる、かういふふうに小乗仏教では書かれてゐるのだ。それが大乗仏教になると、法華経のやうに、最初から菩薩はゐる、天の神神はゐる、二乗はゐる、さういふ仏弟子がそろつてゐたのだといふ説相にがらつと変はるわけである。

このことは、後世に法華経が作られたといふ説の許容に資するのであるが、原始仏教に説く五人の弟子に最初説き、だんだんと教団が大きくなり、そこで一万二千名ぐらゐの仏弟子が増えた、その説を一応認めるとして、それらの仏弟子全部の救済が終はつたわけであり、全ての者に記別を授けたのだから、そこで仏教は終つてよい、法華経もそこで終はつてもいいはずなのである。

ところが、それにとどまらず、今度はその二乗の対告衆に取つて代り、菩薩の対告衆が設定され、また新たな物語がそこから始まるのである。

二種類の菩薩

菩薩と声聞、縁覚（二乗）とではどこが違ふのかについても復習しておくが、法華経の中では、二乗と菩薩乗、それから仏乗といふ乗り物を用ゐて説明してゐる。乗といふ漢字を使ひ部類分けしてゐるのだ。

二乗とは繰り返しになるが、声聞、縁覚（独覚）だ。

声聞、縁覚といはれる仏弟子は、個人解脱だけを願つた、個人解脱を願つたといふのは、世間の存在そのものが苦しみなのだ、全てが苦しみだから、その苦しみからいかに逃れるかを考へるのが人生の目的なのだ、といふやうな性格を持つてゐた人びとのことである。

このやうな性格を持つてゐたものだから、いかに苦から逃れるかといふことがテーマになり、自分が苦から逃れるといふことに専心する。他人とともに苦から逃れるといふ発想には至らない。言葉悪くいへば、自分さへ逃れられれば他人はどのやうになつてもいいといふやうな考へ方をするのだ。

それとはまた別に、自分が苦から逃れるだけでは駄目なので、他人も苦から逃れなければならない。自分以外にも苦を受けてゐる人びとがあれば、一緒に苦から逃れなければ本当の苦からの逃れにはならない、苦を断ち切るのが二乗だとすると、苦を苦として受け止め、その苦を分析して、そこにある社会性、社会的影響のある根源の存在を見つけ、それを受け止めて一緒にその苦を苦として人びとともに救はれなければいけないといふ考へをする、これが菩薩である。

かかる菩薩的性向を持つた人びとを、この大乗仏典では具体的に実在した菩薩と、架空の存在の菩薩と両方明かしてゐて、架空の菩薩は薬王菩薩、観世音菩薩、妙音菩薩であるとか、その他の菩薩の名前も出てゐるが、大乗的な性向を持つ存在を創造的な人格として設定した。

もう一つは、その創造的な人格、架空存在の菩薩を設定したけれども、仏弟子の中には人間身を持つた菩薩も存在した。

要するに、迹を垂れてゐる立場の仏に化導された菩薩が迹化の菩薩、十方の分身の仏によつて教化されたものが他方の菩薩、かうした架空の仏・菩薩は実在しないのであるが、これらの他方、迹化の菩薩が説法の対告衆として現れてくる、これが迹門の流通分の特色なのである。

この特色があるから流通分は、菩薩がなさねばならないことを説く、さういふ意味、内容になつてくる必然性があるのだ。

迹門流通分に表はれる思想

法華経は正宗分で終はつてもいいのであるが、そこで終はるのではない。次なるステージに移行する。仏の滅後、仏が亡くなられた後のテーマに移行したといふことである。

仏が説法し、そこにゐた仏弟子が全部救はれたといふことは、それは仏の在世の出来事である。仏の在世中は、過去の正宗分までで一応ピリオドを打つのである。

しかし、仏が亡くなつた後、今まで説いてきたテーマをどのやうに扱へばよいのか、といふ大問題を認識し、仏の滅後のテーマに移行していく、さういふところから流通分が出発することになる。そこで、流通分の説相とは如何《いかん》といふところに移らねばならず、これは在世と滅後との関係といふことにもつながる。

このやうな立場に移行し、最初に法師品第十が説かれる。

この品の中には、「在世の総記」といふことが説かれてゐる。どのやうに説かれてゐるかといふと

妙法華経の一偈一句を聞きて乃至、一念も随喜する者には、われは、皆、記を授く「当に阿耨多羅三藐三菩提《あのくたらさんみゃくさんぼだい》を得べし」

とある。

これが在世の総記といはれるものである。

ここで注意を要するのは、「随喜《ずいき》」といふ言葉である。

仏の教へを受けて、一念にも随喜する者は記別を受けることができるとあるが、随喜は法師品の前には出てきてゐない宗教的心意であると思はれる。一念でも喜ぶといふこと、人間の僅かの一念でも喜び楽しむことができれば、記別を受けることができる、かういふ展開になつてゐるが、これは非常に驚くべき言葉ではなからうか。

法華経を聞いて救はれる者の気持ちは何であるかといふと、随喜なのである。

この一念随喜がじつは法華経の後半部分につながる重要な、結束点の詞になるのだ。

一念随喜によつて、全ての衆生は仏の在世において、阿耨多羅三藐三菩提《あのくたらさんみゃくさんぼだい》を得る、われ記を与へ授くとなるのである。これを在世の総記と呼んでゐる。

阿耨多羅三藐三菩提、この漢字の意味を読み取らうとすると、さつぱり分からなくなる。この漢字表記は最初に説明したが、サンスクリット語を漢字で表記したものであり、悟りといふ言葉に訳することができる。仏が悟りを開いた、その内容、そこに全ての衆生が一念でも随喜すると悟りに至ることができる、かやうに総記されてゐるのである。

在世の次は滅後の総記である。

流通分のテーマである滅後に関して、

又、如来の滅度の後に、若し人ありて妙法華経の、乃至、一偈一句を聞きて、一念も随喜する者には、われは、また阿耨多羅三藐三菩提の記を授く

と、これが滅後の総記である。

ここにもまた一念随喜といふ言葉が出てゐるが、仏が亡くなつた後、仏の法を受け継いだ者によつて説かれる法華経の内容を聞き、一念随喜すれば悟ることができる、記別を受けることができるであらうといふ未来予測だ。滅後に対しての予言でもある。

したがつて、滅後に向けてのテーマがここに設定されてゐる。この設定は非常に重要であり、また法華経の特色でもある。

仏の在世に救はれた仏弟子のみが記別を受けて終はるのではなく、仏が亡くなつた後に、

この教へをどのやうに広めていけばいいのかといふことも視野に入れて展開してゐるのが法華経である。法師品はこのテーマに沿つて説かれていくわけで、滅後の弘教がテーマになる。法師品以後の宝塔品、提婆品、勧持品、安楽品の各品において、それぞれ仏滅後の弘教についての各相が説かれるが、とくに宝塔品においてはじめて付嘱がテーマとして現れてくる。したがつて、迹門流通分五品の〈序分〉的性格が法師品、宝塔品は虚空会が開始され、滅後弘通の慫慂《しょうよう》の嚆矢《こうし》といふ点で〈正宗〉的性格が認められ、勧持、安楽は滅後弘通の具体的展開の予言があることで〈流通〉的性格が伺はれるのである。

法師品第十の概要に移らう。

第一番の「在滅総記」。

この箇所で注目しなければならないのは、悪世といふ表現である。経文には

わが滅度の後において、衆生を愍むがゆゑに、悪世に生れて、広くこの経を演ぶるなり

とある。

法師品からはテーマが滅後であり、滅後は悪世である、釈尊滅後の時代は悪いのだといふ概念が出てきてゐる。決して仏の滅後は、安穏として何の苦労もなく衆生の心は優しく品《ひん》があつて曲がつてはゐない、さういふ衆生だけではない、心も曲がり品もなく闘争心に富んだ、

対立してゐるものは撃ちてし止まんといふやうな心根を持つた時代が訪れるのだ、さういふ悪世といふ概念が、既にここに導入されてゐる。

法師とは何か

第二番目は法師である。

岩波文庫本『法華経』には、法師につき「教へを説く者」と訳してゐる。この訳は別に問題なく、そのものずばりの訳だと思はれるが、天台大師や法華経研究の先覚者、先人等によると、この法師について自行《じぎょう》の法師、化他《けた》の法師があり、総じて五種類の法師があるとなつてゐる。この五種法師が、仏の滅後に法を説いていくといふ役割を果たすのだとの説明である。

若し善男子、善女人にして、法華経の乃至一句を受持し、読誦し、解説し、書写して、種々に経巻に、華《け》・香《こう》・瓔珞《ようらく》・抹香《まっこう》・塗香《ずこう》・焼香《しょうこう》・繒蓋《ぞうがい》・幢幡《どうばん》・衣服《えぶく》を供養し、合掌し、恭敬せば、この人は一切世間の、応に瞻奉《あおぎみ》るべき所にして、応に如来の供養を以て、しかもこれを供養すべきものなればなり。当に知るべし、此の人は、是れ大菩薩にして阿耨多羅三藐三菩提を成就するも、衆生哀愍を以て、願つてこの所に産まれ広く妙法華経を演《の》べ分別するなり。何に況んや、尽くして能く受持し、種々に供養する者をやと説かれてゐる。

　この経文には「受持し、読誦し、解説し、書写して」とあるが、これを「受持」「読」「誦」「解説」「書写」と五種に整束し、それぞれが法師だとなる。

　まづ受持法師《じゅじほっし》であるが、受持は何かといふと、受け持つ、読んでそのとほりで、法華経の教へを受け持つ。受けるについては信念がなければ受けられない、信力をもつて受け、念力をもつて持つ。この信念受持といふのが第一番目の法師である。

　第二番目は読法師《どくほっし》。何を読むのかといふと、字を見ながら経文を読む、読み方は漢文でも翻訳文でもいづれで読んでもよく、文字を見ながら読むのが正確を期することにつながる修行の在り方といふことである。

　それから三番目の誦法師《じゅほっし》といふのは何か、これは文字を見ないで、誦《そら》で読むことである。経本を見ないでよみそらんじるといふ意味である。

　そして、四番目が解説法師《げせつほっし》。これは「かいせつ」である。とんちんかんな解説をしたのでは意味がない。妙論を逸脱する邪論の解説は許されないが、忠実に経文をなぞつて解説していく、これが解説法師である。

　それから、最後の五番目が書写法師《しょしゃほっし》である。

　これは昨今写経として人気を博してゐるが、昔は印刷技術が今のやうな高度なものではないので、書写をして経文、経典を複製していく、そのための修行法であつた。印刷技術の発達で、複製をして広める必要がなくなつてゐる現在、書写行をどう位置付けるかといふと、書けば精神統一が可能になるといふ程度で、本来の趣旨とはかけ離れてきてゐる。

この五種の修行について、もうひとつ注目すべきは、この五種法師を自行化他にわたつて行ふのは、善男子《ぜんなんし》、善女人《ぜんにょにん》であると書かれてゐることである。経文には

若し善男子、善女人にして、法華経の乃至一句を受持し

とある。

この言葉に注目してみると、仏が自らの弟子に善男子、善女人と呼びかけられるのであるから、仏弟子はそのやうに名乗らなければならないであらう。

十種供養の眼目

上にみた五種の法師を明かす経文によれば、五種法師を実行するとともに、経巻に対し、十種の供養をしなさいとある。経巻とはもちろん法華経のことである。

十種については「種々に経巻に華・香・瓔珞・抹香・塗香・焼香・繒蓋・幢幡・衣服を供養し、合掌し」とある。法華経に対し、この十種の供養をしなさいとあるが、五種法師の自行化他行を行なつた上に、法華経に対して十種の供養をしなさいとなつてゐるのである。供

養とは尊貴なものに対する敬ひの心の表白、態度化といふことである。

インドでは神仏像に鮮やかな花を供へてゐるのをよく見掛けるが、仏に花を捧げることによる供養の方法が「華」である。華とは蓮華に限らず花すべてのことと解するのが正解と思はれるが、日本でもこのやうな仕来りは古くから存在してゐて、墓石や墓標への献花は常態として行はれてゐる。崇高なもの、あるいは思ひを込める時に花を捧げるといふ行為は、万国共通といつてもよろしいのではとも思はれる。

次には「香」を焚くであるが、インドに行くと、独特の香りがあり、何ともいへない匂ひが漂つてゐる。抹香《まっこう》、塗香《ずこう》、焼香《しょうこう》といろいろ種類はあるが、仏は香りをもつて食べ物とするので、それを捧げる思想の表れであらう。

そして「瓔珞《ようらく》」、これは珠や宝石に糸を通し、高貴な雰囲気を醸し出す役目を担ふ。塔や仏前・経巻にこれを飾れば、供養になるわけである。

そして「繒蓋《ぞうがい》」であるが、繒とは絹のことで、絹で蓋をしてある道具の事、これをもつて経巻を覆ふ、これも供養になるわけである。

「幢幡《どうばん》」は、幟旗《はたのぼり》といつてよい道具である。

わが国における天皇即位のをりにもこれを立てる。天皇の尊厳を称へる意味があるのだらうが、日本、シナ、インド三国の共通の文化が感じられる。

そして「衣服《えぶく》」である。仏教では衣のことを袈裟といふ場合もあるが、これとともに服も貴重な道具であるから、これを供へる。ただ、肉身を持つた釈尊に奉るのは理解できるが、亡くなつた後の肉体を有しない法身仏に衣服を供へることや、経巻に衣服を供へるといふ意味がよく分らない。分らない点はあるが、総じてみると、香を焚いたり香を塗つたり、あるいは日傘のやうなものを差したり、旗のぼりを押し立てたり、衣服を供養したりと、道具が要求されてゐるが、これらはすべて物、物質といつてよい。

しかし、十種供養の眼目は物ではない。では、何かといふと、最後にある合掌に注目しなければならない。合掌の精神があつて、花を供へたり香を焚いたり、その他のもろもろの物を捧げる、合掌の心がなければ、いくら香を焚いても花を飾つても、それは本当の供養にはならない、ここに供養の真の意義がある。

十種供養の眼目は恭敬合掌《くぎょうがっしょう》、ここをよく理解しなければならないのだ。

合掌印のいはれ

合掌をもつてお供へする、その合掌はもちろん身体から出てくる気持ちの表現である。なぜ合掌が出てくるかといふと、その気持ちは仏を敬ふ気持ちだ。敬ふから合掌になるのだとなる。人に縋《すが》つて何かをいただきたい、あるいは教へを受けたい、行動の模範にしたいなど、師弟の関係性が成立する時は、敬ひの気持ちが自づと出てくる、その自づと出てくる姿が合掌なのである。

今もインド人は合掌して「ナマステ」と挨拶する。これは相手の気持ちを敬つて、挨拶しますよといふ彼らなりの流儀なのであらう。それがシナから日本に入つてきて、日本でも合掌のすがたをもつて挨拶なり、宗教的な形なり、仏を供養する根源の気持ちにするのだといふので合掌が定着した。

この合掌を印相《いんぞう》ともいふが、仏像が組む印相についてみれば、両手が離れてゐれば説法をしてゐるすがた、合はさつてゐれば禅定のすがた、などと区別する。また、印相によつて阿弥陀如来だとか、毘盧遮那如来だとか、薬師如来だとかを見極めるといふことになつてゐる。かうした印相の中で、合掌印は諸法実相印ともいはれるのだ。

諸法実相は、すでに説明ずみだが、方便品で出てきた如是相あれば如是本末究竟する「十如是」があつたが、諸相が全て実相なのだといふ相を印に結べば合掌である。

右の手と左の手を合はせる合掌は、対立の諸法が一つにまとまる、諸法は帰するところひとつの実相であるといふことを表はすのだ。右が男だとすれば左が女、理があれば事がある、対立があれば円融がある、全てのこの世の中の実相は、合掌の印をもつて表はす、それが合掌印なのだとなる。

また、合掌印を用ゐると、相手の邪心の破折《はしゃく》にもなる。邪悪なこころを降伏《ごうぶく》する力だ。自分に反目し向かつて来るものに対して合掌すると、相手を撃退することができる。

イギリスからの独立に貢献したインドのガンジーは、宗主国の権力者に向かつて、暴力は振るはない、暴力で対抗していつても本当の解決にはならない、合掌の力で対立を解決していくのだといふ方法を採つた。魔を降す印としての働きを持つ合掌印を示したのだ。

印《いん》は真言密教で非常に大切にする。

真言では、おのれの祈祷を成就させるために印を結ぶ。大日如来の印を結べば、自分が大日如来になつて願ひが叶へられる、さういふ類いの印を結ぶのである。

かうした祈祷のために結ぶ印とは異なり、法華経の合掌は、対立したものを一つの実相に束ね、その力をもつて真理に反する魔を降して、宗教的な信念を実践していかう、その決意を不動にする、自行と化他にわたつての印を結ぶわけである。

法華経にも、さういふ意味の合掌が説かれてゐる。方便品に

合掌《がっしょう》以《い》敬心《きょうしん》欲聞《よくもん》具足道《ぐそくどう》（合掌して敬心をもつて具足の道を聞き奉らんと欲す）

かういふやうに説かれてゐる。

諸法実相印を結ぶことは、降魔とともに具足の道を聞かんと欲すといふためとある。

法華経で合掌が強調されるゆゑんである。

十種の供養の最後の供養としての合掌は、つづまるところ、法華経を聞かんと欲すことが経巻に対する供養になるのを教へてゐるのだ。

三説超過について

次に重要なテーマになるのは三説超過《さんせつちょうか》である。三説超過とはいかなることか、経には

わが説けるところの経典は無量千万億にして、已《すで》に説けると、今《いま》説くと、当《まさ》に説くとあり。しかも、その中において、この法華経は、最もこれ信じ難く、解り難きなりかういふ箇所が法師品の中にあり、これを古来「三説超過」と呼び倣はしてゐる。「已に説き」は法華経に来るまでの経典のことである。「今説く」は法華経の開経の無量義経のことである。「当に説く」は法華経の後に説かれた涅槃経《ねはんぎょう》のことを指してゐる。すなはち、釈尊が説いたもろもろの経典の中で、この法華経が最も難解難入、難解難信であるといふのであり、信じがたく解しがたき法と称揚してゐる。法華経の存在価値、立ち位置を示してゐるのである。仏が亡くなつてから百年ほどして、大乗経典が説かれ始められるが、釈尊が説いたもろもろの経典の存在がすでに視野に入つてゐるのだ。

法華経の中で、みづからの特異性がこのやうに説かれてゐるが、今説くといふのと、当に説くといふをいかなる経に配当するかで、教義的な論争が生じた。それはそれとして、論争に参加できないわれわれは、法華経はさういふ立場の経典なのだと理解する以外ないであら

う。

なぜ三説超過が説かれるか、その辺のいはれをみてみると、滅後の布教のために法華経の位置付けをこのやうにしておく必要があるからだ。滅後に弘通する立場において、法華経がかくなる立場に立たなければ、法華経を広める意義がなくなる恐れがある、そのために法師品に説かれたとみることが可能なのである。

起塔供養と仏舎利の奉安禁止

それからつぎに「起塔供養《きとうくよう》」がある。

薬王よ、在在処処に、若しくは読み、若しくは誦し、若しくは書き、若しくは経巻所住の処にも皆、応《まさ》に七宝の塔を起てて、極めて高く広くして厳飾《ごんじき》あらしむべし。また、舎《しゃ》利《り》を安《やす》んずるべからず。所以はいかん、この中には、已に如来の全身有《ま》せばなり

このやうにある。

釈尊の在世当時、および滅後において、仏と縁ある所すべてに塔を起て仏を供養すべきであり、そして、その塔は七宝をもつて飾り、極めて高く広く厳飾あらしむべし、と薬王菩薩に命じてゐる。

ここに起塔思想が表はれてきてゐる。法師品第十が位置する迹門の流通分の開始部分に起塔供養思想が出てきてゐることに注目すべきである。

さうすると、在在処処、仏と縁あるあらゆる所に塔を起てるのが必要であるとなるのであるが、その中に舎利を安んじてはいけない、と書かれてゐる。

舎利といふのは仏の骨のことである。仏舎利をその塔の中に安置してはいけない、なぜか。「この中には、已に如来の全身有せばなり」で、塔の中には仏の全身があるのだから、部分の身の舎利をそれに納めるといふのは厳禁で必要ないのだとある。仏舎利を重んじ塔を起て、それを祭る向きが昨今のわが国にあるが、かうした行為は法師品の経文に背いた行動である、かういふことにならざるを得ないのだ。

仏滅後における弘教方法

その次には「弘教の三軌《ぐきょう　さんき》」がある。

これは有名な教へ、法門であるが、仏滅後に法華経を弘める法師たるべき立場に立つ者は、まづ如来の室に入るべきである、それから如来の衣を着るべきである、如来の座に坐すべきである、かういふ三種類の決まり、規範、教へである。

これを古来「弘教の三軌」と申してゐる。

本文には、

薬王よ、若し善男子、善女人ありて、如来の滅後に、四衆のために、この法華経を説かんと欲せば、いかんが応に説くべきや。この善男子、善女人は、如来の室に入り、如来の衣を着、如来の座に坐して、しかしてすなはち、応に四衆のために、広くこの経を説くべし

とある。

如来の室に入るとは何か。

如来は大慈悲の持ち主であるので、如来の大慈悲の心を自分の心にしなさい、さうすると如来の室に入ることができる。如来の室に入つていかなる座に坐るかといふと、一切法空の心を持つて、その座に坐りなさい、となる。その折に着る衣は何かといふと、柔和忍辱《にゅうわにんにく》の心を衣としてまとひなさい、かういふ三種の教へである。

三軌それぞれの次第順序は、一定するものではなく、不同で構はないと思はれるが、柔和忍辱の衣を着て一切法空《いっさいほうくう》の座に坐りなさい、その座はどこにあるかといふと、如来の室にある、その如来の室に入るためには大慈悲の心に住すること、さうすると室に入ることができる、と解することも可能である。

このやうにして、一切法空（座）に坐して一切の対立から離れ、大慈悲の心（室）を持つことにより迷へる衆生を救済しようとする心を持ち、柔和忍辱の心（衣）を出して救済に応じない者があつてもどこまでも耐へ忍びなさい、かくなる「三軌」をもつて、規範化してゐるわけである。

一切法空、柔和忍辱、大慈悲といふのは、法師の主体的なことといへるかもしれないが、法師の主体的なものと、反対に客体的な面も考へられる、慈悲心のないものがゐるから慈悲を求めなければいけない、柔和忍辱の心があるものとさうでないものがゐるから、柔和忍辱の心を持たなければいけない、柔和といふのは、柔らかで和みがあつて何事にも忍び、辱めを受けないといふことだ。物事に執着してやまないといふ者も多い、かういふ時代が来るから、このやうな心を持つことが弘教における主客、すなはち、法師と衆生との関係になるわけである。

悪世思想の芽生え——仏滅後への予言

かうしてみてくると、この三軌の軌は軌道の意味と取つても許される。

なぜなら、衣座室の三種の軌道の上を進む乗り物、仏滅後の正法《しょうぼう》・像法《ぞうぼう》・末法《まっぽう》の各時代における依師《えし》はこの軌道上を進む乗り物に乗るのだと解しても許されるからだ。

依師といふことは法師といつても同じ意味である。

如来の室に入り、如来の衣を着、如来の座に坐す、これが一つの決まりを伴つた軌道であり、その上をいかなる乗り物に乗つて進むかは時代によつて変はつてくる。したがつて、軌道を意味する軌の字を使つてゐる。仏滅後の各時代に法師が出てきて、この軌道を走る乗り物に乗つて進んでいけば、法華経をきちんと弘めることができる、その資格を得ることができるのだ、かういふことを説いてゐるのである。

如来の衣は柔和忍辱の心であると説明され、滅後の弘教においては「若し人、悪《にくみ》と刀・杖および瓦・石を加へん」といふごとき迫害があると法師品には書かれてゐて、仏の滅後の悪世といふものが予想されてゐる。悪世思想が芽生えてきてゐるのだ。

これからみても、法華経は滅後悪世に必要な経典であるといふことが読み取れる。悪世の衆生は、法華経を説く法師に対して迫害を加へ、法華経を弘める者にも必ず迫害を加へる、それが悪世の悪世たるゆゑんであると説かれてゐる。

その時の迫害の様相は、杖で叩く、刀で斬り掛かる、および瓦や石を投げつける、かういふ迫害状況も予言されてゐるわけだ。

勧持品第十三には、もつと詳しく迫害状況が出てゐて、詳しく説かれてゐる。柔和忍辱の衣が鎧にかはる。それほど忍耐度をアップさせなければならなくなる、そのことを先取りする内容が既に法師品には説かれてゐる、ここに着目しておく必要がある。

法と国との冥合を表はす経文

この如来の衣座室《えざしつ》の三軌を国体の三綱〈神武天皇の建国の理念を三種にまとめる。田中智学の創見造語〉に配当する説を立てるのも可能だ。ちなみにこの説は智学の高弟、山川智応（一八七九〜一九五六）の説だ。

参考までに図示すると

如来の室＝大慈大悲の心……積慶《せきけい》・慶こびを積む＝鏡
如来の衣＝柔和忍辱の心……重暉《ちょうき》・暉きを重ねる＝玉
如来の座＝一切法空の心……養正《ようせい》・正しきを養ふ＝剣

となる。

かうして「法」と「国」とがつながる、いはゆる相関するのだ。

弘教の三軌とは、法と国の関連、もつと絞つていへば法華経と日本国と両者の立場が冥合してゐる、かういふ立場を象徴してゐる法門としていいもの、これが山川説である。

法華経は法の立場、国体は国の立場とすれば、日本国体の三綱は法の立場を冥々に実践してゐるとの解釈も可能だ。すなはち、日本国の建国の理想や建国の理念は、不知不識のうちに法華経の内容に合致する方向を持つてゐる、このやうに捉へられる。

かうした立場を鮮明にしたのがわが国の近代に、田中智学により創建された「日本国体学」である〈里見岸雄『日本国体学創建史上』〈展転社〉参照〉。

田中智学は、このことを不待時《ふたいじ》の法華経と解してゐる。その意味は、神武天皇の時代、わが国に仏教や法華経が伝はる以前、すでに法華経が実践されてゐたのだとの、達意的にして開顕的解釈である。

宝塔品第十一に至ると、多宝如来と釈迦如来が多宝塔の中で一体になる。これは境と智が合体することを示してゐて、境とは受動的立場、それに対するに智は能動的存在を示す。この点が「国」と「法」の両者が能所一体になるといふことを示す。これが法国冥合といふことにつながる。

とともに、境と智が冥合するのは諸法実相のゆゑである。なぜなら対立の無い相互に影響しあへる円融存在であるから、両者は対立反目せず円融両立し得るといふことになる。その諸法実相を体現しつつ、この地球上に存在してゐるのが日本国であり、法華経と国体との冥合であるともいへる。したがつて、三周説法の中の因縁説で説かれた諸法実相を体現してゐるのが日本国である、となるのだ。

第八章　見宝塔品第十一

虚空会《こくうえ》の開始

次の宝塔品第十一に移らう。

経文の順序からみると、宝塔の大地からの涌現《ゆげん》（涌き出る事）がまづ最初に出てくる。それにまつはる展開がそれに続いてゐる。宝塔の涌現は前の法師品の起塔供養を受け、大地から塔が涌き出てくるとの状況設定になつてゐる。

さて、現出した塔は非常に大きく高い塔で、その塔の中から声がする、いかなる声かと思つて聞くと、

そのとき宝塔の内より大音声を出して褒《ほ》めてのたまう。善いかな、善いかな。釈迦牟尼世尊は、よく平等の大慧、菩薩を教へる法にして、仏に護念せらるる者たる妙法華経をもつて大衆のために説きたもう。かくのごとし、かくのごとし。釈迦牟尼世尊の説くところのごときは、皆これ真実なり

さういふ声が塔の中から聞こえてきた。

釈尊もそれを聞いてゐるが、弟子の大楽説菩薩《だいぎょうせつぼさつ》が、一体この声はいかなる声なのでありませうかといふ疑問を呈した。その疑問への答へは、

仏は大楽説菩薩摩訶薩に告げたもう。この多宝仏に深重の願あり。もし、わが宝塔にして、法華経を説かんがための故に、諸仏の御前に出でんとき、それ、わが身をもつて四衆に示さんと欲することあらば、彼の仏の分身の諸仏の十方世界にありて説法したもうを、ことごとく還して一所に集め、しかして後にわが身をすなはち出現せしめんのみ

である。

この箇所では、十方に散らばつた釈尊の分身を一カ所に集めないと、多宝如来の「深重の願」は達成されない、とある。

それゆゑ、次に「三変土田《さんぺんどでん》」があり、諸仏を十方から集めるために娑婆世界を清浄ならしめて諸仏が集まれるやうにする、娑婆世界だけでは間に合はないので、四方八方上下に渉つて土田を清らかにし、やうやく十方の分身の諸仏が集まつたところで、その宝塔の扉が開かれるわけである。

かうして扉が開かれる。開かれた扉から入塔した釈尊に対し、多宝如来が「どうぞ、こち

らにお座りください」と呼びかけることで二仏が並び座る、かういふ説相になる。ところが、釈尊が宝塔の中に入ってしまったので、衆生と釈迦・多宝の二仏との間隔が離れてしまひ、地上と虚空に分かれたものだから、われわれもその虚空に上りたいといふ願を衆生が発す、それに応へて釈尊が衆生を接して虚空《こくう》に置くことで全ての仏弟子も一緒に虚空に上げられてしまふわけである。

このやうにして地上から虚空での説法に移行していくのであるが、「皆在虚空」とあるやうに、衆生を接して皆虚空に置くことで、ここから虚空会といはれる会座《えざ》が始まっていくのだ。

この虚空会は嘱累品で終はるが、その後また霊鷲山に戻る。前の霊鷲山の説法を前霊山《ぜんりょうぜん》会《え》、それから虚空会《こくうえ》があつて、後霊山会《ごりょうぜんえ》、これを二処三会《にしょさんね》と古来称してきてゐる。今日の言葉で表現すれば、二カ所において三種類の集会場を持ったといふことである。

総合性を持つ法華経観察法

この二処三会といふ経典観察法は、じつに味はひ深い観察法である。

なぜなら、本門や迹門といふ、いはば理的な内容、教義法門に関はる立場を抱接する事的な舞台が設へられてゐるところに、両者の交接点が認められるからだ。

たとへば、虚空会は宝塔品第十一から始まるが、この品は未だ迹門の立場である。しかし、同じ虚空会でも従地涌出品第十五からは本門に入り、迹門と本門との懸け橋がそこには存在してゐる。このやうな舞台設定は、風は空中において一切の障害がない「如風《にょふう》於《お》空中《くうちゅう》一切《いっさい》無障碍《むしょうげ》」と映るのであるが、虚空会において迹門と本門が同居する、かうした一見意外と思はれる法華経の構成、説相が看て取れる。迹門と本門が一体化してゐるわけである。

このやうな構成上の総合性は、法華経の醍醐味のひとつといってよく、小気味よいストーリーの進展につながつてゐるのである。

この点について話を進めるが、少し脱線することをお許しいただきたい。

かつてわが国の鎌倉時代、日蓮聖人在世当時から本迹勝劣如何といふ硬度な教義論争が、主に天台教学を媒介として提起された。聖人滅後になると、黒白をつける判者がゐなくなつたこともあり、門下の大論争に発展した。本門が勝れ迹門は劣るので、本勝《ほんしょう》迹劣《しゃくれつ》と唱へてみたり、あるいは、それに対し本門と迹門は一致してゐる、本迹《ほんじゃく》一致《いっち》であるといふやうな論争で、門下を二分する大論争が継続して存在してきた。この論争が齎した後遺症は大きく、明治に至るまで、いや明治に至つてのちも尾を引き、各派の分裂を惹起し、他に向かふべき勢力が虚しく消費された感無きにしも非ずであつた。現在から振り返つてみると、一見無駄とも思はれかねない、かなりのエネルギー量の損耗がもたらされたのである。

しかし、法華経の本迹両門をめぐる論争も、二処三会といふ観察法を用ゐれば、かつてのエネルギー消費は避けられたのではなからうか、迹門も本門も法華経の全体構成からすれば差別はない、それぞれが必要なものと合意できたはずなのではなからうか、さういふ気がする。

滅後の付嘱が浮上

二処三会に縁して本迹問題にページを割いたが、宝塔品の概要に戻り、再度みていかう。虚空会に入り、まず最初のテーマは「付嘱《ふぞく》」である。

嘱は「しょく」とも「ぞく」とも読める。付といふ漢字につづけて付嘱とした場合、「ふしょく」とも「ふぞく」とも読めるのだが、「ふぞく」と読ませる場合、属を充てることもある。しかし、経文上は、嘱になつてゐて、物事を委嘱するとか委ねるとかといふ意味でなければならない。したがつて、法華経の弘通《ぐつう》を誰かに委ねるといふ気持ちが仏にはある、このことを最初に宣言したのは先の宝塔品である。

誰かよく此の娑婆国土において広く妙法華経を説かん。今正しく是れ時なり。如来は久しからずして当に涅槃に入るべし。仏は此の妙法華経を以て付嘱して在ること有らしめんと欲す。

とある。

これは有名な言葉で、われわれの世界の俗つぽい言ひ方をすると「俺はいつ死ぬか分からん、そこで、俺の代はりに俺の遺志を弘める役を誰かに託したいものだが、誰かゐないものかなァ」とならうか。

仏滅後の法華経弘通を誰か申し出よ、さうすると付嘱するであらう。ただし、仏の眼鏡に叶はないと付嘱はしない、眼鏡に叶ふ者がゐれば、この法華経を付嘱するので、滅後を託したいとの託宣である。

この付嘱といふ問題が、法華経の後半部の眼目であり、虚空会に集中してゐるといつても過言ではない。それほどじつは大きなテーマなのである。

これは、法華経が滅後のための経典であるといはれる所以でもあり、この付嘱思想あるが故に、法華経は永遠の生命を保ち得ることが出来るともいへるのだ。

このやうに考へてみると、昭和時代に入つても法華経が社会改革のエネルギーたり得た訳も納得できる。真宗や浄土宗といふ阿弥陀如来信仰の世界には現実開顕の思想は元来成立しない。なぜか、彼らが信奉する阿弥陀経などは、現実から逃避して西方極楽浄土に行つて救はれようといふ教へだからだ。現実の社会が悪ければ悪いほど、そちらに移りたいといふ、厭離穢土《おんりえど》、欣求浄土《ごんぐじょうど》などの立場の経典とは類を絶する滅後弘経といふものがあるが故に、法華経は社会改革のエネルギーたり得た。

また、禅宗においても同様で、社会国家の改造より、自身の解脱が優先する。だから、社会性はあまり問はれない。その他の諸宗においても大同小異だ。

さて付嘱思想であるが、宝塔品では、三度まで慫慂《しょうよう》してゐて、これを「三たびの諫暁《かんぎょう》」といふ場合もあるが、仏滅後の付嘱を慫慂したのち、六難九易《ろくなんくい》が説かれる。

これは滅後弘教の困難さを九箇条の困難と六箇条の安易との対比を用ゐて予想したもので、付嘱を受ける者の覚悟のほどを試す意味、あるいは付嘱を受けた弘教者の所作を暗示するために説かれてゐるといつていいものである。

宝塔品の概略は、ざつと以上のやうな内容である。

インド人の塔への思ひ

さて、宝塔が大地から湧き出てくることに関連するが、塔に対する古代インド人の思ひを押さへておく必要があらう。

そこで、仏教発祥の地ではいかなる塔があつたかとみてみると、アショカ王が初めに建てたとされるサンチーの仏教遺跡にある塔がある。

前三世紀から十一世紀まで、仏教が栄えてゐたすべての時代に存在した一大仏教センターだ。

イスラム勢力が侵入してきた時に、地中に埋められ侵略と破壊から逃れ、その後ずつと地中に埋まつてゐたが、西暦一八一八年、イギリスの探検隊がこれを発見した。今もサンチー

インドの塔（サンチー）

の三か所において発掘されてゐるが、上掲の写真のやうな複数の塔がインドには存在してゐる。

これらは円覆塔ともいへる形である。その頂上には飾りが乗つかつてゐる。そして、塔に入る正面に、日本の神社で見かける鳥居に似た門がある。聖域に入るためにこの門をくぐる、俗から聖への境目だとすれば、日本の神社の鳥居に該当するごとき存在だといへなくもなく、インドと日本の宗教感の共通性が看取される。

このやうな塔は、ストゥーパといはれ、塔廟と訳されてゐる。ストゥーパとは別にチァイティヤといはれる塔もあるが、これは僧堂や室内などに設置される塔で、両者は別物とされてゐる。

これら塔の中に、聖なるものを収め、仏の骨や経典類を収納し奉安した。宝塔、塔廟などといはれてきてゐるが、両方ともその性格は変はらず、多宝塔の出現もさうした思ひから導き出されてゐるのであらう。

シナ人の塔への思ひ

仏教がインドからシナに伝はつた結果、サンチーなどの塔とは異なつた形の塔が出現する。大雁塔のやうな重層、七重をなす構造の塔である。この塔はかつての長安、現在の西安にある大慈恩寺の境内に建つてゐる。

シルクロードのシナ側の終着点といはれる長安、今の西安にある七重の塔だが、シナ式の塔の一つの事例である。インドの塔がシナに到来することで円形が方形に変はつていつたやうだが、西暦六五二年に玄奘三蔵《げんじょうさんぞう》がインドから持ち帰つた経典や仏像を納めるために建てられた。インドの塔の役割と同様にシナ人の懐いた「聖なる塔」といふ塔への意識、思ひが看て取れる。

日本人の塔への思ひ

インド、シナ、朝鮮と仏教が流伝し日本に来るが、日本における塔がどのやうな形になつたのかといふことについて、これからみていかう。

これについては塔に対する専門的知識が求められるが、法隆寺や興福寺の五重塔などはさて措き、法華経の宝塔品に関連する塔に限り取り上げる。

次ページの写真は、滋賀県にある石山寺の宝塔である。

石山寺は紫式部が源氏物語を書き出したお寺として有名であるが、この塔は鎌倉時代、建

日本の宝塔（石山寺）

久五年、西暦一一九四年に源頼朝が寄進して建立されてゐる。日本では一番古い木造の宝塔だ。

宝塔とは法華経の宝塔品に出てくるすがたを造形化し建立したもので、多宝塔ともいはれる。

日本において、五重や三重の塔といふシナ形式とともに、法華経に表れてゐる多宝塔形式が多くつくられたといふことに大きな特色が見いだされる。それほど法華経とのつながりが深いといふ見方もできる。

塔の意味が単なる仏舎利や経典を収める収蔵庫といふ趣旨から、法華経の宝塔品に出てくる多宝仏の塔、釈迦仏と並座するところを表現する塔として多く建立されたことは、わが国の特長とすべきである。

現在、石山寺の多宝塔には大日如来が祀られてゐる。真言系と天台系と並存する格好だが、頼朝の建立意志は法華経信仰に存在してをり、法華経信仰の根強さが証明される造塔事例といつてもよからう。

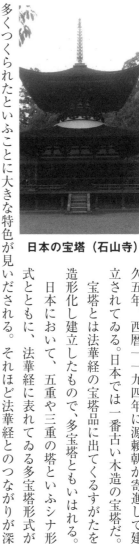

第九章　提婆達品第十二

宝塔の出現の思想的意義

宝塔の出現、虚空会の意味、これらと現実に生きるわれわれとのつながり、接点について、どのやうに考へなければいけないのか、美術工藝的にみるのはそれとして、思想的に考へる場合、忘れてならなのは、先にふれた宝塔品の三箇《さんか》の慫慂《しょうよう》と、つぎに説明する提婆品の二箇の諫暁、併せて五箇《ごか》の鳳詔《ほうしょう》といふことである。

このことは法華経を弟子に付嘱するか、しないか、弟子が付嘱を受けるか、受けないか、仏の滅後に連動するテーマに収斂されていくといふことである。宝塔の出現と付嘱とは不離の関係にあるといふことを知るべきなのだ。

この点を掘り下げると、法華経の経文上に書かれた内容は、決して文章の上のみで終了するのではなく、また、読む者の関心と興味をそそるだけではなく、歴史的な展開を含意する文章の底、文章の下に隠された意匠につながつてゐるといふことが分かる。経文上の抽象的な説明ごとが、社会文物上の出来ごととして歴史上に惹起する、いはゆる文底の妙味が味はへる、ここが法華経の醍醐味である。

初期仏教や原始仏教の個人解脱や、一般大乗仏教の観念的空想主義との根本的な相違がこの点に認められる。

この点で文上の法華経と文底の日本国とは冥合してゐて、法華経に明かされた宝塔の出現は仏の国土、常寂光土としての日本国の存在を予想してゐるとの解釈が成立するとともに、法華経の教理と歴史とが顕合し、仏の滅後の仏使、仏勅使としての天台や伝教、日蓮といふ法師・依師《えし》、すなはち「人間」の出現が事実化するわけである。

そこで、つぎに提婆達多品第十二の概要について眺めてみる。

この提婆達多品第十二は短い品で、元来これは宝塔品の一部ではないかといふ説がある。しかし、一品として独立し第十二番目にあるのが妙法華経の一つの特色なのであつて、添品法華経においては、この品が宝塔品に摂取されて、二十七品しか無いといふことになる。

悪人成仏　悪・逆・謗

提婆達多品は二つのテーマから成つてゐる。

一つは提婆達多《だいばだった》の成仏。

提婆達多とはいかなる人か、極悪人といふレッテルが貼られてゐる存在であり、人間の悪行のすべてを行つたといふ立場だ。提婆達多は釈迦牟尼世尊とは、従弟同士になる家系で、悪といふ悪を実践したといふぐらゐ悪に強い人物、悪人の象徴として描かれてゐる。

ところで、仏教では悪のことを十悪といふ。殺生《さっしょう》・偸盗《ちゅうとう》・邪淫《じゃいん》の身の三悪、悪口《あっく》・両舌《りょうぜつ》・妄語《もうご》・綺語《きご》の口の四悪、貪欲《とんよく》・瞋恚《しんに》・愚痴《ぐち》の意の三悪、合して十悪と言つてゐる。

その悪よりもつと深い悪の兄貴分、これを逆といつてゐる。それらの根源にあるのは謗である。十悪、五逆、謗法《ほうぼう》を全て行つたのが提婆達多で、それぐらゐの人物だつたわけだ。

ちなみに、五逆といふのは何か。これは父を殺す、母を殺す、阿羅漢を殺す、仏の体から血を出す、そして、最後に和合僧《わごうそう》を破る。これが五つの逆罪だとされてゐるが、この五つすべてを実践した人だとなつてゐる。父を殺す、母を殺す、これは提婆達多が自分で父母を殺したわけではないが、阿闍世王《あじゃせおう》の父母を、阿闍世を使嗾して殺させた、これが自分もその罪を犯したといふことになる。阿羅漢を殺したといふのは、女性の出家者を殺めたといふこと。仏の身から血を出したといふのは、仏の行列に石を投げつけて、その結果出血させたといふことになつてゐる。破和合僧といふのは仏教教団の分裂工作をやり、自分が代表になつて新しい教団を作るといふやうな行為に及んだとなつてゐるのである。

本生譚　過去の物語り

さういふ悪逆をつくした提婆達多であるが、提婆達多の過去を尋ねると、実はかうかうしかじかだといふのが、この提婆品の前半のストーリーである。

悪逆の提婆達多であつても仏になることができる、名は天王如来・応供《おうぐ》・正偏知《しょうへんち》などと名づけるといふやうに、記別を提婆達多に与へ、悪人の救済が実現するわけである。悪人をも成仏させ救済する背景は何か、これについて経文には本生譚が明かされてゐて、前生の因縁の物語が展開してゐる。

それによれば、釈尊が国王であつた昔に、阿私仙人《あしせんにん》が現れた。その阿私仙人が提婆達多の前身で、この仙人が釈尊を導いてくれたとなつてゐる。過去、さういふつながりがあつたので、今生に成仏することができるのだといふ輪廻転生の物語である。

それを過去の本生譚《ほんじょうたん》といふわけだが、譚は物語りといふことである。この過去の物語に従うと、悪逆の提婆達多ではあるが、釈尊の師匠でもあつた、その師匠が、たまたま悪人の姿を現じて自分を仏にしてくれるための悪行をあへて働いてゐるのだ、かういふ輪廻観、因縁観に立つわけである。自分に害を与へる人こそ、自分を仏にしてくれる立場の人なのだといふ思想が存在するのだ。

このやうな思想は、仏教の専売特許といつてもいいのかもしれないが、ともすればわれわれの世の中でも人聞きの良いことをいふのはあまり信用してはいけない、悪いことを率直にいつてくれる、諫《いさ》めてくれる相手こそ、われらを導いてくれる存在なのだ、かういふ逆転の発想がある。

提婆達多が成仏できる、仏になれる、天王如来と記別を受ける、かういふ経の力を示したといふことなのである。したがつて、経の力があるといふことを踏まへて法華経を弘めなさいといふのが、提婆達多品における一回目の諫暁になる。

女人成仏　八歳の龍女

同品の後半には、八歳の龍女の成仏が書かれてゐて、二回目の諫暁が出てくる。

悪人成仏とともなる女人成仏だ。

龍王の八歳の娘が文殊師利菩薩の教へを受け、それに感激した龍女は肌身離さず大事にしてゐる宝珠を釈尊に奉り、釈尊がそれを受け取つたといふことで、たちまち成仏した、かういふことが説かれてゐるのだ。

ところが、八歳の龍女は、変成男子《へんじょうなんし》、すなはち男子に成り変はつて成仏したとなつてゐる。今時の世の女性からいふと、強烈な不満は残るであらう。女人は成仏できるのだといつても男に変はらないとできないのだから、本当の女人成仏ではないといはれる余地は十分ある。

法華経が説かれた時代、あるいは法華経が成立した当時においては、変成男子思想が一般に流布してゐたのかもしれず、サンスクリット語からの翻訳では、女根がなくなつて男根が生えてきたといふやうに訳してある。このやうな出来事は、現代からみればセクハラ問題を起しかねない背景が認められるが、この姿も経力のしからしむる所とするのである。

繰り返すが、先の悪人成仏と女人成仏の二つの経力を示すことで、滅後の弘通を弟子に要請したのである。宝塔品の慫慂と、提婆達多品の二箇の諫暁と併せ、五箇の鳳詔、五箇の諫暁といはれるゆゑんである。

提婆達多品の最後の言葉は、有名な「黙然信受《もくねんしんじゅ》」である。

このときの衆会《しゅうえ》は、皆、龍女の、忽然の間に変じて男子と成り、菩薩の行を具して、すなはち、南方の無垢世界《むくせかい》に往き、宝蓮華に坐して、等正覚を成じ、三十二相・八十種好ありて、普く十方の一切衆生のために、妙法を演説するを見たり。そのとき、娑婆世界の菩薩と声聞と天龍の八部と人と非人とは、皆遥かに彼の龍女の成仏して、普く時の会《え》の人天のために法を説くを見、心大に歓喜してことごとく遥かに敬礼せり。無量の衆生は法を聞いて悟り不退転を得、無量の衆生は道の記を受くることを得たり。無垢世界は六反に震動し娑婆世界の三千の衆生は不退の地に住し、三千の衆生は菩提心を起し記を受くることを得たり。智積菩薩《ちしゃくぼさつ》および舎利弗《しゃりほつ》と一切の衆会とは黙然として信受せり

これで提婆達多品が終はる。

同品最後の「黙然信受」であるが、八歳の龍女など成仏できるなどといふことは、とても信用できないと疑問を呈した智積菩薩、それに輪をかけて舎利弗も同じやうな難語《なんご》を寄せる、さういふ智積菩薩であり舎利弗であつても、黙然として信受した。一切の衆生もさうしたの

だ。この黙然といふのが実は仏教徒には必要な態度といつてよいものである。

信受するといふのは、龍女が成仏する教へを信じて受け止める。そのとほりだと信じる。その信じ方が黙然として信受したのであり、釈尊が説かれたことを信受する時にじつと黙つて、それを受け止めてゐることが成仏につながる、かういふことでもある。

ただし、この信受と考究との関連性は一考しておかなければならない。

仏の教へであれば何でも考究しないで信受するのであれば、迷信オカルトを助長する。さうであるなら、信受は避けなければならない。しかし、提婆達多品における信受は、八歳の龍女が仏に宝珠を奉り、それを仏が受け取つた、その行為によつて成仏したことに対し、黙然信受したのだから、信ずる行為の前に現実の証しが示されてゐるのに注目すべきである。

今日的な表現をすると、正・反・合といふ弁証法的な考究姿勢による学から信へといふ構図が、この経文上には見てとれる。龍女の存在をまづ認め（正）、それへの種々の考察が加へられ（反）、最後に仏に成るといふ結果が示される（合）、かうした構造を持ちつつ問題の帰結を図らうとしてゐるといへなくもない。

この構造を仏教的にいへば、学（正）と行（反）の二道《にどう》が存在した上での信（合）が認められてよい。

われわれの世界においては、物事の解決を図る上で、一知半解の浅智慧を用ゐて、くだくだしやべる人もゐる。しかし、学的に徹底し尽くして結論が出た時は、その結果を行に移してみて再度の考察を加へ、「真理なり」と分かつた時は黙然として信受し受け止めるべきを教へ示してゐるのである。

第十章　勧持品第十三

薬王菩薩、大楽説菩薩の発願

次のテーマは仏の滅後の布教である。

仏滅後の未来世の仏教をどうするかといふことで、勧持品が悪世、安楽行品が平安な世を予言し、十三、十四の二つの品に分かれてゐる。

しかし、これら二品の中においては、宝塔品で宣言された「付嘱してあることとあらしめんと欲す」に対する許可が出て付嘱されてゐるわけではない。さうではなく、地から涌き出て来た菩薩が付嘱をうける虚空会の説相に繋げ、橋渡ししてゐるのが勧持、安楽の二品である。

ここまでの法華経の流れを見てくると、そこで終はつてもいいといふところまで行くのだが、どんでん返しがあり、また新しい舞台設定が出てくる。ダイナミックな展開なのであるが、そこに醍醐の味はひ方がある。

かういふ経典には、なかなか巡り会ふことができないといふことで、わが国においては聖徳太子に始まり、代々に亘り重要視されつつ法華信仰が大きな流れになり得たと思はれる。

さて、かうした流れの中で出てくるのが勧持品である。

勧持といふのは、勧とは勧奨《かんじょう》で、持は護持だ。法華経を受け持つべきを勧めるといふ内容を持つた品である。

この品の概要を見てゆくと、まづ薬王菩薩と大楽説菩薩《だいぎょうせつぼさつ》の弘教の誓願から始まつてゐる。宝塔・提婆両品の五箇の諫暁を受けて、両菩薩が付嘱をいただいて、弘教に勤しんでまゐりたいといふ誓ひを述べるところから始まる。

その時、薬王菩薩摩訶薩と、及び大楽説菩薩摩訶薩とは、二万の菩薩の眷属《けんぞく》と倶に、皆仏のみ前に於て是の誓言《せいごん》を作す、唯願はくば世尊よ、以て慮《うらおも》ひしたまふべからず、我等は仏の滅後に於て当に此の経典を受持、読誦し説きたてまつるべし、後の悪世の衆生は善根転《ぜんこんうた》た少く増上慢多く、利供養を貪り、不善根を増し、解脱を遠離するをもつて教化すべきこと難しと雖も、我等は当に大忍力を起して此の経を読誦し受持し書写して、種々に供養し身命をも惜まざるべし

と、釈尊に誓ひを述べるわけである。
薬王・大楽説の両菩薩は、勧持品に至るまで重要な立場にゐた代表的な菩薩であり、名前は以前にも出てきてゐる。両菩薩が釈尊滅後の悪世において、苦難があるだらうが付嘱をと

決意表明したのだ。

その悪世につき経文をみると、まづ「善根転た少なく」とある。善根といふ根の字は人の性向、これを機といつてもよいが、その機の根底部に存在するのを示すものを根といふ。善を目指すべき根が少なくなる、多くないのだといつてゐる。転た少ないといふことは、すべてが無くなつたわけではない、この点も注意しておかねばならない。

これに加へるに「増上慢多く」とある。

増上慢は「われ優れたり」と慢心をますます上積みしていくことを指してゐる。小人が天狗になつてゐる情況でもあり、われわれの周りには増上慢が多くゐる。

それから「利供養を貪《むさぼ》り」とある。

これは要するに、覚者が受けるはずの供養を、凡夫たる者が自己の利益、私利として受ける、自分の利益のためだけに供養を受けて貪るといふ利己主義の典型だ。このやうな価値判断しか持つことが出来ない衆生の存在をいふ。

それから「不善根を増す」だ。

善根とは逆の意味のものを一括して不善根といふが、不善根を増長して、「解脱を遠離するをもつて教化すべきこと難し」となるわけである。

いつてみれば悪世の衆生は、以上の如きどうにもならない式のやつかい者と決めつけられてゐる。これらを教化するのは、大変困難なことであると予言されてゐて、かくなる時代に弘教すると両菩薩は誓願を起したのである。

法師品からの一貫した悪世思想で、思想そのものは目新しいことではない。薬王菩薩・大楽説菩薩はさうした悪世の衆生を念頭に置き、なほかつ「我等は当に大忍力を起して此の経を読誦し持説き書写して」との意思表示をした。これは法師品に説かれた弘教三軌と五種法師を受けたものであり、忍辱力をもち受持・読・誦・解説・書写する法師を念頭に置いて、決意表明、誓願の表白をしてゐるわけだ。

最後は「種々に供養して身命をも惜まざるべし」である。

供養の眼目、中心にあるのは何か、ただ物を供へることだけが供養の本道ではない、中心眼目はわが身とわが命を惜しまず、時によつてはこれを無にしてでも、法のために身命を供養する、身命を供養するに過ぎたるはない、不自惜身命《ふじしゃくしんみょう》である。

以上のやうな悪世であつても、薬王菩薩と大楽説菩薩は、決死の弘教誓願を起したのである。

阿羅漢の発願

これら菩薩の誓願を受けて、釈尊は「分かつた、ではおまへたちに付嘱する」とは言はない。言はないどころか、不思議なことに結論は出さないのである。返答は宙に浮いた格好なのである。

この点で注意しておかなければならないのは、薬王菩薩などには、後の嘱累品第二十二において、比較的安穏な時代における付嘱がなされることだ。悪世の弘教の願ひは結ばないのである。

さて、菩薩の次には阿羅漢の弘教発願が引き続いて出てくる。

その時衆中の五百の阿羅漢にして受記を得たる者は仏に白して言はく、世尊よ、我等も亦自ら誓願せん、異なれる国土に於て広く此の経を説かん

との誓願をするわけである。

この場合の誓願は、薬王菩薩・大楽説菩薩とは違ひ、悪世の衆生に対しては、私どもの力は及ばないので、異《い》の国土においで弘めたいといふことである。自分の力の限界を知つたがゆゑの言葉か、あるいはその困難なことを忌避したゆゑか、いづれにしても汚悪《えあく》充満の娑婆世界における悪世での弘教は、自分たちの能力の及ばないところなので、教化しやすい国土があれば、そつちのはうで行なひたいと発願した。

それに対しての釈尊の反応は、菩薩同様に経文にはなく、続いてオンパレード式に学無学人の弘教の誓願表明が出てくる。この場合の学は声聞のこと、無学といふのは縁覚のことである。

また、学・無学の八千人の受記を得たる者あり、座より起ちて合掌し仏に向ひて、是の誓言をなす、世尊よ、我等もまた当に他の国土に於て広く此の経を説くべし、所以は何ん、この娑婆国の中の人は悪弊多く、増上慢を懐き、功徳浅薄にして瞋濁《しんだく》（いかりによる濁り）・諂曲《てんごく》（こびへつらふこと）あり、心実ならざるが故なり

さきの阿羅漢が発願したのは異の国土であつたが、声聞、縁覚は他の国土といつたわけである。しかし、異の国土と他の国土は同じことで、娑婆世界が此の土、此の国土。此の土、国土とは今現実に展開してゐる国土のことを想像してゐるわけで、娑婆世界とは違つた、異なつた、他の国土で私たちはこの弘教をしたいと表明したわけである。

女性への授記

それに対しても釈尊は何も言はない。言はないものだから、

その時、仏の姨母《おば》、摩訶波闍波提比丘尼《まかはじゃはだいびくに》と学無学の比丘尼六千人とは、ともに座よりたちて一心に合掌し、尊顔《そんがん》を瞻仰《せんごう》し、目は暫くも捨てざるなり。時に世尊は、喬曇弥《きょうどんみ》に告げたまふ、何が故に憂ひの色にて如来を視るや、我汝の名を説いて、阿耨多羅三藐三菩提の記を授けずと謂ふこと汝の心に無しや。

喬曇弥よ、我は先に総じて一切の声聞に皆すでに記を授くと説けり、今汝が記を知らむと欲せば、将来の世に当に六万八千億の諸仏の法の中に於て大法師となるべし、及び六千の学無学の比丘尼もともに法師となるべし。

汝は是の如く漸漸に菩薩の道を具して、当に仏と作ることを得ん。一切衆生喜見如来・応供・正遍知・明行足・善逝・世間解・無上士・調御丈夫・天人師・仏・世尊と号すべし。

喬曇弥よ、是の一切衆生喜見仏と、および六千の菩薩は、転次に記を授けて阿耨多羅三藐三菩提を得せしめん。

なぜかここで一瞬「付嘱」の話から逸れる。

摩訶波闍波提比丘尼（喬曇弥）といふ、釈尊が悉多太子の時から太子付きだつた叔母が出てきて、釈尊に対して目配せをし、何か物を言ひたげにしてゐる。

それをみた釈尊は、

「なぜ左様な目つきをするのだ」と訝しがり

「さうか、おまへにはまだ記別を授けてゐなかつたから、左様な目をするのか、では記別を授けてやらう」

と諒解し、一切衆生喜見如来と記別を授けたのである。

女人成仏は提婆達多品の八歳の龍女の成仏をもつて、その証文だとされてゐる。しかし、現代人には八歳の龍女の存在は現実にあるとも思へない。いはば架空の存在、しかも女子から男子に変はつて、変成男子をして成仏する、かういふ教へだつたわけだ。これを女人成仏の経証として出すのは、現代的には難しい。

しかし、摩訶波闍波提比丘尼といふ当時現実に存在し、釈尊が仏になる前、太子の時代から釈尊の身の回りの世話をしてゐた女性が、釈尊が仏道に入つて成仏をした、それに従つて弟子入りをして共に歩んできた。その女性がここで記別を受けたといふところに、実は女人成仏の経証がある。

叔母が記別を受けたのだから、羅護羅《らごら》の母、羅護羅は釈尊の子息であるから、羅護羅の母はかつての釈尊の夫人だ。その元夫人も同じく記別を受ける。

「耶輸陀羅比丘尼は是の念を作せる、世尊が記を授くる中に於て独り我が名を説きたまはず、仏は耶輸陀羅に告げたまふ、汝は来世の百千万億の諸仏の法の中に於て」云々とあり、具足千万光相如来といふ仏になるであらうといふ記述がある。これで叔母の摩訶波闍波提比《まかはじゃはだいび》丘尼《くに》と、自分のかつての夫人であつた耶輸陀羅比丘尼《やしゅだらびくに》の両女が、記別を受けることができたわけである。

仏弟子への記別授与の最後に、自分のかつての夫人を選ぶのも、劇的なドラマといへようか。

それにしても法華経とはこのやうにして男女平等を説く経だ。とともに記別を受けるといふことの意味がここに看て取れる。すなはち記別を受けるといふことで、仏の滅後の弘教が出来るのである。とともに、かつての阿羅漢が菩薩化したことに他ならないのである。

女性二人の発誓

記別を受けた摩訶波闍波提比丘尼と耶輸陀羅比丘尼、この二人が自分たちの眷属とともに弘教を誓願する。この箇所をよく読んでみると、彼女らに記別を与へたといふことは、翻つて考へると弘教のため力を蓄へる意味で記を授けたと思はれる。記別するかはりに、「おまへたちは何をやるのか」との遺り取りがある。二人の比丘尼が代表して弘教の誓願を起したことで、阿羅漢、学無学人と一連の弘教の発起をしていく、このやうな流れが存在する。

その時、摩訶波闍波提比丘尼および耶輸陀羅比丘尼とならびにその眷属《けんぞく》とは、皆大に歓喜し未曽有なることを得て、即ち仏前に於て偈《げ》を説きて言はく、世尊は導師として天人を安穏ならしめたまふ、我等は記を聞き心安んじて具足せり、諸の比丘尼は是の偈を説きをはりて仏に白して言はく、世尊よ、我等もまた能く他方の国土に於て、広く此の経を宣《の》べん

とある。

さきほどの阿羅漢、それから学無学人と同じやうに、女性は他方の国土で弘めたい、さういふ誓願を起こしたとなつてゐるのだ。この女性の発願に対して、経文にはこれまでと同様に仏からの返答は書かれてゐない。

八十万億那由他の菩薩の出現

薬王菩薩、大楽説菩薩は、仏の弟子の中でも超大物の弟子、菩薩といへる。その超大物の両菩薩が、悪世における弘教誓願を起しても返答はない、仏弟子の阿羅漢、学無学人、女人までもが発起して国土は違ふけれども安易な方法でこの経を弘めたいと誓願を述べても、なんの結論も出ない、反応は示されない。反応がないどころか、その弘教の発誓をした人びとを尻目に、唐突に八十万億那由他《なゆた》といふ多くの菩薩が出てくるわけである。

その時、世尊は八十万億の那由他の諸の菩薩摩訶薩をみそなはせり、この諸の菩薩は皆これ阿惟越致《あゆいおっち》にして、不退の法輪を転じ、諸の陀羅尼《だらに》を得たるものなり

とあり、八十万億那由他の菩薩が出てくる。

ちなみに阿惟越致とはサンスクリット語の音写で不退などの意味がある。

この八十万億那由他の菩薩とは、非常に重要な存在になつていくわけだが、突然出てきて、

いつの間にかゐなくなるといふ不思議な菩薩がただ。ここに至る前、法華経のどこかに出てくるかと調査してもどこにも見当らない。八十万億那由他の菩薩を釈尊がみただけでそこに存在するといふ、いはば仏の神通力により化生してきてゐる存在だ。

釈尊は

「八十万億那由他の菩薩よ、みなが弘教の誓願を立ててゐるけれども、なにかいふことはないか」

と目配せした。この目配せは仏の目力をもつて八十万億那由他の菩薩に弘教の誓願を起させたといふことになる。

若し世尊にして我等にこの経を持《たも》ち説けとのり告げたまはば、当に仏の教への如く広くこの法を宣《の》ぶべし

と誓願を起こすのである。

この八十万億那由他の菩薩の出現と、弘教発誓といふものの背景にある時代認識は、実は先ほどから出てゐる仏の滅後の末世、あるいは末法時代といふことであり、末法時代の弘教の発誓であると捉へられてきてゐる。悪世、末法時代の弘教の発誓に伴つて、有名な二十《にじゆう》行《ぎよう》の偈《げ》が八十万億那由他の菩薩によつて説かれるのである。

ここで、その「偈《げ》」について少し説明しておかう。偈とは韻律を付して経文を書くといふ手法で、漢語の五字および四字で一つのセンテンスを作つていく、いはゆる漢詩のやうなものといつてよい。漢訳法華経はシナ式の整へ方をしてゐるので偈といつてゐるが、日本式には短歌や長歌など和歌にも通づる短詩形といつて大過ないのではと思はれる。

かくなる偈とは違ひ、散文としての経文を長行《じょうぎょう》といつてゐる。この二種類の他に陀羅尼《だらに》がある。陀羅尼はサンスクリット語を音写して漢字表記してゐる呪文の事である。多義があるのであへて漢訳しないでそのまま音写しておく、したがつて漢字の意味を追ひかけても陀羅尼の意味は分からないのである。のちほど陀羅尼品のところで詳しくふれる。

さて、二十行の偈であるが、さほど長くはない。

ただ願はくは慮《うらおも》ひしたまふべからず。仏の滅度の後、恐怖《くふ》の悪世の中に於て、我等は当に広く説くべし。諸の無智の人の悪口罵詈《あっくめり》等し、および刀杖を加ふる者あらんも、我等は皆当に忍ぶべし。

悪世の中の比丘は、邪智にして心諂曲《こころこびへつらい》あり、未だ得ざるをこれ得たりといひ、我慢の心充満せん、或いは阿練若《あれんにゃ》に納衣《のうえ》にして空閑《くうげん》に在りて、自ら真の道を行ずといひて、人間を軽賤《きょうせん》する者あらん。

利養に貪著《とんじゃく》するが故に、白衣《びゃくえ》のために法を説きて、世のために恭敬せらるること、六通の羅漢のごとくならん。この人は悪心を懐き、常に世俗の事《じ》を念ひ、名を阿練若に仮りて、好んで我等の過《とが》を出し、しかもこの如き言を作さん「此の諸の比丘等は、利養を貪らんが為の故に外道の論議を説き、自ら此の経典を作りて、世間の人を誑惑し、名聞を求めんが為の故に、分別して是の経を説くなり」と。

常に大衆の中に在りて、我等を毀《そし》らんと欲するが故に、国王大臣婆羅門居士、および余の比丘衆に向かつて、誹謗し我が悪を説きて「是れ邪見の人なり、外道の論議を説くなり」と謂はんも、我等は仏を敬ひたてまつるが故に、悉く是の諸の悪を忍ばん。このために軽んぜられて、「汝等は皆是れ仏なり」と謂はれんも、此の如き軽慢の言をば、皆当に忍びてこれを受くべし。

濁劫の悪世の中には、多く諸の恐怖あらん、悪鬼はその身に入りて、我を罵詈《めり》し毀辱《きにく》せんも、我等は仏を敬信したてまつるをもつて、当に忍辱の鎧《よろい》をきるべし。この経を説かんがための故に、この諸の難事を忍ばん。我は身命を愛せずして、但無上道のみを惜しむなり。我等は来世に於て、仏の所嘱を護持せん。

世尊は自らまさに知りたまふべし、濁世の悪比丘は、仏の方便の宜しきに随つて、説く所の法を知らずして、悪口して顰蹙《まゆをしか》め、数数《しばしば》擯出《ひんじゅつ》、塔寺を遠離せしむるを。是の如き等の衆悪をも、仏の告勅を念ふが故に、皆当に是の事を忍ぶべし。

諸の聚落城邑《じゅらくじょうおう》に、それ法を求むる者あらば、我は皆その所に到りて、仏の所嘱の法を説かん、我はこれ世尊の使なれば、衆に処して畏《おそ》る所なし、我は当に善く法を説くべし。

願はくは仏よ、安穏に住したまへ、我は世尊のみ前と、諸の来りたまへる十方の仏とに於て、是の如き誓言を発せり、仏よ、自ら我が心を知《しろ》しめせ。

以上が二十行の偈の全文である。

この二十行の偈をもつて勧持品は終はるのだが、二十行の偈に対する解説は勧持品には書かれてゐず、次の安楽行品のはじめにでてきてゐる。

日蓮聖人と二十行の偈

二十行の偈に関し、欠かせない考究テーマがある。

それは、法華経勧持品の二十行の偈を自身の立場に移し、検証を試みた歴史上の人物が実在したことである。

鎌倉時代の祖師の一人である日蓮聖人は、

法華経の第五の巻、勧持品の二十行の偈は、日蓮だにも此の国に生れずばほとんど世尊

は大妄語《もうご》の人、八十万億那由佗の菩薩は提婆《だいば》が虚誑罪《こおうざい》にも堕ちぬべし

と『開目抄』（日蓮著）に述べてゐる。

二十行の偈が架空の出来事に過ぎないのなら、法華経の存在は現実には意味をなさぬと捉へられてゐるのである。

かくなる覚知を懐いた仏教徒は、釈尊亡き後、日蓮聖人をもつて嚆矢とするのであるが、わが国の鎌倉時代に出現し、鎌倉幕府を諫暁し、法華経の真理を闡明した上で当時の仏教界を改革しようとしたことなど、布教当初から二十行の偈を身に読む、すなはち法華経は釈尊の未来記なのだと強力に信じての行動だつたわけである。

ユダヤ教やキリスト教などにも未来記がある。ヤハーヴェやゴッドによる未来予測や未来予言があり、これらの一神教は予言、預言で成り立つてゐるといふ立場の人もゐるぐらゐである。

薬王菩薩の発誓に「身命を惜しまず弘教します」とあつたが、身命を惜しまず法華経を弘教するといふこと、法華経を身に読むといふこと、ただ観念的に言葉だけで読むのではない、知識としてこれを頭に入れたから、これでいいのだといふことでは済まない、文章として読み、その上で身にこれを読むといふこと、いはゆる「色読《しきどく》」で、体験実証の宗教であるとするのが、日蓮聖人の宗教の特色といつてよい。この点でキリスト教の性格、ゴッドから遣は

されたイエス・キリストの存在、イエスの迫害、殉教などと非常に似通ふ点が認められるのである。

さて、二十行の偈における予言について、いかやうに整理できるのであらうか。

末世、悪世には三種類の衆生が強敵として存在する、三類の強敵《ごうてき》といはれる人間の存在だ。

末法時代における三種類の強敵

第一番目の強敵は何か、俗衆増上慢《ぞくしゅうぞうじょうまん》である。

仏教には直接関はつてゐない一般大衆による増上慢が存在してゐる。増上慢とは、いまだ覚らない輩がわれ覚れりと鼻高々になつてゐることを指す。

二番目の強敵は道門《どうもん》増上慢。

これは出家であり、仏教専門家のそれである。

三番目は僭聖《せんしょう》増上慢。

これは道門増上慢の中でも、より性質の悪い、最高の覚りに到達したやうなふりをする、したがつて周りの人びとに最高の覚者であるかのごとき誤解を与へる偽物である。僭とは偽りといふことでもあり、聖《ひじり》に似た偽りの人間のそれである。

この三種を浅い方から段階的に深めていくと、俗衆がゐて、道門がゐて、僭聖がゐるのだとなる。

これらの増上慢による迫害があるといふ仏の予言を、日蓮聖人はわが国の鎌倉時代に体験実証したと自覚したのであり、その自覚に依れば、経文と歴史社会との不思議な巡り合はせが実在するのである。

勧持品は末法時代の悪世の状況を事細かに描写したといへる。その末法悪世の中において「かくかく弘教してまゐります」との誓ひが、八十万億那由他の菩薩によつてなされた、その弘教の反応や結果についても具体的に予言されてゐるのである。

われらの社会では、最初に易しいことをやつてしまふと、困難なことがなかなか手に付かないといふことがある。勧持品と次に出てくる安楽行品との関係からいくと、そのやうにも考へられてよい。

宝塔品の「この経典を付嘱する」との言葉から、付嘱を受ける側が弘教誓願を起こすといふ流れの中で、舞台設定がされてゐて、末法悪世のために法華経を付嘱するといふ展開を主に目指してゐたのではと思はれる。

第十一章　安楽行品第十四

文殊師利菩薩の質問

勧持品第十三は以上で終はり、次の安楽行品第十四に入る。

前品で八十万億那由他の菩薩が末法時代における弘教の誓ひを起した。しかし、これに対し釈尊からの許可は出ない。疑問が出てくるのは当然だ。

その時に文殊師利法王子菩薩摩訶薩は仏に白してもうさく、世尊よ、是の諸の菩薩は甚だこれ有ること難し。仏に敬順したてまつるが故に大誓願を発すなり。後の悪世に於て是の法華経を護持し、読誦し説かん……菩薩摩訶薩は、後の悪世に於て、いかんが能くこの経を説くや

といふ問ひを文殊師利菩薩が投げかける。

ここから安楽行品が始まるわけである。

これは先ほどもふれたが、八十万億那由他の菩薩が悪世末法の弘教の誓願を起したにも関はらず、結論は先送りされ付嘱の許可が出ない、出ないのみか八十万億那由他の菩薩の発誓を無にするごとき展開になる。なぜなら文殊師利菩薩の疑問提出は、八十万億那由他の菩薩の誓願をもろに受け止めているふりをしながら、あらためて後の悪世において、この経をどのやうに説くかといふ点を釈尊に質問してゐるからだ。

この質問提出は、悪世末法を回避した、穏やかな時代における弘教の仕方を問うてゐるともいへる。

であるから、文殊師利菩薩の問ひに対して釈尊が答へを出す、その答へが四安楽行の実践、四種類の修行法、「四法に安住」した上での実践の要請なのである。八十万億那由他の菩薩の悪世末法弘教法に代はる法華経の説き方があるよといふことを、まづ示されたわけである。

その四安楽の行とはいかなるものなのか、以下にみてみよう。

身の安楽行、行処とは何か

まづ第一の身安楽行につき、経文には

一には、菩薩の行処《ぎょうしょ》と親近処《しんごんしょ》とに安住して、能く衆生の為にこの経を演説すべしとある。

ここには「行処」「親近処」といふ言葉が出てゐる。身に安楽行を行ふためには行処にゐる必要がある、それから親近処にも安住する必要が示されてゐるのだ。

続けて

しからば文殊師利よ、いかなるを菩薩摩訶薩の行処と名づくるや

とあり「行処に安住する」行処とは何であるかとの説明がある。

もし菩薩摩訶薩にして、忍辱《にんにく》の地に住し、柔和善順《にゅうわぜんじゅん》にして卒暴《そつぼう》ならず、心もまた驚かず、また法に於て行ずる所なくして、しかも諸法は如実の相なりと観じて、また行ぜず分別もせざれば、これを菩薩摩訶薩の行処と名づくるなり

との説明だ。

とすると、行処には以上のやうな意味があり、そこに安住しなさいよ、といふ釈尊の教へとなる。

忍辱とは、辱めに耐え忍ぶといふ意味で、先にみた法師品の三軌のうちの一である。忍辱

の必要性は迫害があるからだ。害を与へる衆生に対し決して怒つてはいけない、それを甘んじて受ける、さういふ心地に住するのが行処であるといふ意味である。

忍辱と同時に「柔和善順にして卒暴ならず」とある。柔和善順といふのは、穏やかな、そして相手には従順な立ち居振る舞ひをし、決して粗暴な行動は取らない、あくまでも受け身をたもちつつ、害を加へる者に対しては、受け身でそれに対応しなければいけない、要するに打たれても打ち返してはいけない、受け止めよといふことになる。

その柔和善順の心地は「心もまた驚かず」といふごとき泰然とした平静な精神の持続のことを示してゐる。その内面は「法は行ずる所なくして、しかも諸法は如実の相なりと観ず」べきであつて、「行ぜず分別もせざれば、是れを菩薩摩訶薩の行処と名づくるなり」となるのである。

迫害に対しては体をもつて受け止めるべきであり、決して粗暴な反撃には出ない、反撃に出ない心の奥にあるべきものは何か、それは諸法は如実の相なりと感ずる心、対立を解消する包容力である。この力が備はれば対立物の分別もしなくても済む、これが行処である、かういふ説明がなされてゐる。

身の安楽行、親近処とは何か

では、親近処とはいかなることであらうか。

行処は居るべき場所であつたが、それに反し親近処は居てはいけない場所や環境のことをさしてゐる。居てはいけない場所に居ることが覚りに通じると肯定的に解釈することも可能なのであるが、安楽行の立場は、否定的な場所や環境を重視してゐる関係で、以下にその点の説明を進めることとする。

いかなるを菩薩摩訶薩の親近処と名づくるや、菩薩摩訶薩は国王・王子・大臣・官長に親近せざれ

要するに処といふのは場所、環境のことであり、国王・王子・大臣・官長に親近してはいけないといふことから始まり、種々の否定的な場所、環境が説かれる。

諸の外道・梵志・尼揵子《にけんじ》等と、及び世俗の文筆・讃詠の外書を造る者と、及び路伽耶《ろがや》陀《だ》・逆路伽耶陀《ぎゃくろがやだ》の者とに親近せざれ、亦有ゆる凶戯・相扠、相撲と及び那羅等の種々の変現の戯とに親近せざれ、又、旃陀羅と及び豬・羊・鶏・狗を畜ひ、畋猟《でんろう》・漁捕する諸の悪律儀の者とに親近せざれ、是の如き人等にして、或は時に来らば、則ち為に法を説くも悕望《けもう》する所なかれ

かういふのが親近処になる。

菩薩が行処に居るといふ場合け、菩薩自身の問題である。しかし、一旦菩薩が他に向かつて身の安楽行を行ふといふ場合、権力者に近づいてはいけないといふことになる。したがつて諸の外道・梵志・尼犍子等と接触してはならないのである。ここでの外道といふのは、仏教以外の道を説く存在を指し、したがつて婆羅門教徒やジャイナ教徒に近づいてはいけないのである。梵志といふのは修行段階の存在をいふ。尼犍子はジャイナ教の開祖のことを指してゐる。

少し横道に逸れるが、釈尊当時に主な六種の外道《げどう》が存在した（佐々木教悟・他『仏教史概説インド篇』〈平楽寺書店刊〉参照）。

（1）アジタ・ケーサカンバリン。（順世派といはれる。このアジタ派のことを路伽耶陀《ろがやだ》と漢訳）

（2）サンジヤヤ・ベーラッテイブッタ。

（3）マッカリ・ゴーサーラ。

（4）パクダ・カッチヤーナ。

（5）プーラナ・カッサパ。

（6）ニガンタ・ナータブッタ。（ニカンダを尼犍子と音写）

これらの外道の教へ、それを信奉する人物等と交つてはいけない、親近処の一つには、さういふことが書かれてゐるのである。

また経文には「世俗の文筆・讃詠の外書を造る者」もあげられてゐる。今流でいへば詩や小説やマンガ、俳句、短歌などを作つたり、研究したりするサークル、あるいは出版社に近づいてはいけないとならうか。

それから「有ゆる凶戯・相扠《うちあひ》・相撲」などの施設に出入りしてはいけないともある。相扠とは打ち合ふ遊び、ボクシングなどか、相撲も言はずもがなであらうが、総じて凶戯の禁止である。

また、「那羅等の種々の変現の戯とに親近せざれ」ともある。那羅とは、法華経の序品に八番の雑衆の一種として緊那羅などが出てゐるが、この那羅は音写文字で、顔にいろいろメークして遊ぶ遊び方、その遊び人を指してゐるやうである。

まだある。「旃陀羅と及び猪、羊、鶏、狗を畜ひ、畋猟し漁捕する諸の悪律儀に親近せざれ」である。

旃陀羅および食肉業者に近づいてはいけない、とあるが、ちなみに、旃陀羅とは何か、インドのカースト制による司祭階級バラモンの出身の母親と奴隷階級シユードラ出身の父親、この間に生まれたのが旃陀羅の子だと岩波文庫版の『法華経』に一説ありとして注釈が付されてゐる。

この注に従ひ「日蓮は旃陀羅の子なり」といふ日蓮聖人自身が語つた言葉を再考すると、日蓮聖人の母親は高貴の出で、父親が漁業に従事する人、だから旃陀羅なのだといふ説が盛行する素地が出てくる。母親が高貴の出で後鳥羽上皇にお仕へしてゐた、したがつて日蓮聖人は後鳥羽上皇の落胤で、何かのをり母子ともども安房の国に落ち延び、父親である貫名重忠《ぬきなしげただ》が助け、日蓮聖人を育てたのだといふ、証明が難しい日蓮皇胤説が生まれる一つの背景が、法華経安楽行品に認められるのだ。

畋猟し漁捕するの畋猟は、狩りであらう。漁捕といふのは、魚を取るといふので漁業。漁師のことを「すなどり」ともいふが、このやうな業種の人間とかグループ、サークルに近寄つてはいけない、親近してはいけない、といふのが身安楽行なのだ。

経文にはこれら以外にも種々な禁止事項が説かれてゐるが、親近処について肝心なことが最後に説かれてゐる。

また次に菩薩・摩訶薩は一切法は空なり、如実の相なり、顚倒《てんどう》ならず、動ぜず、退せず、虚空の如くにして所有の性なく、一切の語言《ごごん》の道断え、生ぜず、出でず、起らず、名無く、相なく、実に所有の無く、無量、無辺、無礙《むげ》、無障《むしょう》なりと観ぜよ。ただ、因縁をもつて有るのみ、顚倒より生ずるがゆゑに常楽と説くなり。かくのごとき法相を観ずる、これを菩薩・摩訶薩の第二の親近処となづくるなり

とあるのがそれだ。

第一の親近処は、いろいろな処に近寄つてはいけないといふことであつた。しかし、これだけでは身安楽行は終はらない、さういふ処に近寄らないのは大前提ではあるが、自身の内面には第二の親近処が必要なのだといふので、第一に説かれたさまざまな親近処が、結局自身の内面の平静をたもつために明かされた事例だと確定されてゐるのだ。

身安楽行と法を説くといふこと

さて、身安楽行の大きなテーマとすべきは「説法の有無」である。身安楽を行ふ行者にとり、説法すべきか、してはいけないか、この点が問はれる。

菩薩・摩訶薩が近寄つてはいけないとされた人びと、これらの連中が菩薩の前に現れ、法を聞きたいと言つた時、どうすべきかといふテーマである。じつは身安楽行の主眼は、ここあるのではなからうか。

なぜなら、菩薩は社会に対し積極的に関はらなければならず、禁止の場所や忌避すべき環境に近寄らないのではその任を果たせない。また、近寄つてはいけない人びとが、菩薩のもとに聴聞におとづれて来た際「嫌だ、何も私はあなたのために申し上げる言葉はない」と答へるのか、さうではなく来たら来たなりに、またそれに応ずる手段をもちゐて法を説かなければいけないのか、二者択一が迫られる場面だ。

かうした場面において仏は「能く衆生の為に是の経を演説すべし」、「是の如き人等にして、或は時に来らば、則ち為に法を説くも悕望《けぼう》する所なかれ」と指示してゐる。意外なことに説法の必要性はあるのだ。

安楽行品の一つ前に位置する勧持品の立場は、有無を言はさず自分の信念を相手に伝へればよい、相手の気持ちを推し量る必要はない、相手の立場を忖度《そんたく》する必要はないである。すなはち、近づいてはいけない場所や環境は本来存在しない。むしろどこへでも出掛けて、相手を屈服させ説得する、時によつては力づくでも相手をねぢ伏せ説き伏せ賛成させる方法である。八十万億那由多の菩薩はそのやうに言上してゐる。

ところが安楽行品では、さうではなく、行つてはいけない、付き合つてはいけないなどと世間に対するハードルは非常に高い。高いに関はらず、身安楽行の最初にあつた「菩薩の行《ぎょう》処《しょ》と親近処《しんごんしょ》とに安住して、能く衆生の為に是の経を演説す」、また「時に来らば、すなはちために法を説く」べきとあるやうに、やるべきことはやらねばならない、悕望してはいけない、悕望とは出し惜しみしてはいけないと解しておくが、かくなる修行が身安楽行なのだといふのだから、安楽行はじつは安楽にあらず難行苦行ではなかからうかと思はれてくるのである。

口の安楽行

さて次は口の安楽行である。経には

また文殊師利よ、如来の滅後に末法の中に於て是の経を説かんと欲せば、当に安楽行に住すべし、若しくは口に宣説し、若しくは経を読まん時には、楽《ねが》つて人及び経典の過《とが》を説かざれ

とあり、つづけて

諸の余の法師を軽慢せざれ、他人の好悪長短を説かざれ、声聞の人に於てまた名を挙げて、其の過悪を説かざれ、また名を挙げて、其の美しきことを讃歎せざれ、またまた怨嫌の心を生ぜざれ、善く是の如き安楽の心を修むるが故に、諸の聴くことあらん者の其の意に逆はざれ

とある。

勧持品の二十行の偈の場合は、相手から悪口雑言を浴びせられるぐらゐ反対者のそばに出かけ説法せよとあつたが、さういふ行ができないなら、相手の悪いことを言はない行を採用しろといふことになる。「楽《ねが》つて人及び経典の過を説かざれ」である。

かくして、安楽品の行は「法師の好悪長短を説いてはいけない」のであり、口に出てくる言葉は、勧持品とは正反対のスタイルになる。

意の安楽行

三番目には意《こころ》の安楽行である。意における安楽とは何か、経には

また文殊師利よ、菩薩摩訶薩にして、後の末の世の法の滅せんと欲する時に於て、この経典を受持し読誦せんとする者は、嫉妬・諂誑の心を懐くことなかれ

とある。

行者の心内に嫉妬心を起してはいけない、へつらひ、欺く、人をだます、人を天秤にかける、さういふ心を抱いてはいけないのだ。

さらにつづけて、

また仏道を学ぶ者を軽罵して、其の長短を求むることなかれ、若し比丘・比丘尼・優婆塞・優婆夷にして、声聞を求むる者・辟支仏を求むる者・菩薩道を求むる者あらば、之を悩まして、其れをして疑悔《ぎげ》せしめ、其の人に語りて汝等は道を去ること甚だ遠し、終に一切種智を得ること能はざらん、所以は何ん、汝は是れ放逸の人にして、道に於て懈《け》怠《たい》なるが故なりと言ふことを得ることなかれ

とある。

これは、「あなたはまだ救はれてはゐないのですよ」、「一切種智を得ることができないのですよ」と言つてはいけないとの戒めである。なぜなら、それは紛争になるからである。要するに静謐な心を持ち、相手の力量を詮索しないでおくべきなのだ。


また当に諸法を戯論して、諍ひ競ふ所あるべからず。当に一切衆生に於て大悲の想を起し、諸の如来に於て慈父の想を起し、諸の菩薩に於て大師の想を起すべし

かういふ意に住すべきであつて、それが意の安楽行なのだと説かれてゐる。これもなかなか大変なことで、凡夫だと相手の至らぬところを攻撃したくなるのが常の性であらう。しかし、さういふことであつてはいけない、常に静謐の意を持つて、相手をまづ認める大悲の思ひ、慈父の思ひ、大人の思ひを起しなさい、かういふ意安楽行の必要性を要請してゐるのだ。

この身・口・意の三つは、人間そのものの存在が身体の表に出てくる行ひ、業《ごう》のことでもある。身で実践する、口で表現する、意に思惟する、この三つの表現パターンを仏教では身・口・意の三業《さんごう》と言ふが、三業に亘り法華経を受持しつつ安楽行を行ひなさいと、かういふものが安楽行品には説かれてゐるのだ。

誓願の安楽行

それから、その三業で終はるのでなく、もう一つ何があるかといふと、四番目に誓願安楽行といふものがある。

この誓願安楽行につき経には

文殊師利よ、菩薩摩訶薩にして後の末の世の法の滅せんと欲する時に於て、是の法華経を受持する者あらば、在家・出家の人の中に於ては大慈の心を生じ、菩薩に非ざる人の中に於ては大悲の心を生じて、当に是の念を作すべし、是の如きの人は、則ち為《こ》れ大いに失《あやま》ちて如来の方便して、宜しきに随へる説法を聞かず、知らず覚らず問はず信ぜず解せざるなり、その人が是の経を問はず信ぜず解せずと雖も、我は阿耨多羅三藐三菩提を得ん時、随って何れの地に在りとも、神通力と智慧力とを以て、之を引きて是の法の中に住することを得せしめん

とあるのが誓願安楽行である。

この点に関し、最近はつと気付いたことがある。

それは、誓願安楽行といふのは、安楽行の中心に位置するテーマではないかといふことである。

なぜなら、身安楽・口安楽・意安楽の三業において安楽行をせよと説かれた内容はすべて内向きである。自己に向かつてゐるわけだ。ところが誓願安楽行は、他に向かつてゐて行動に移す場合、誓願を持つた安楽行を行はなければいけない、その場合には諸天が昼夜に衛護するとあるぐらゐの重みを持つものだからだ。

かうした安楽行に対して、折伏行は末法、安楽行は「法滅せんと欲する時」、すなはち像法時代の行である、かういふ区分けが一般であつた。しかし、安楽行品の中の「如来の滅後に末法の中に於て」に注意する必要があり、簡単に割り切り区別することは難しい。

勧持、安楽の両品を通じ、仏の滅後の一貫した行を考へていくと、誓願安楽行によつて示される行が明確に存在する。安楽行の中には折伏行も含まれてゐる、あるいは、折伏行の中にも安楽行は含まれてゐる、かくなる立場が導き出されるのではなからうか。

日蓮聖人は「難来たるをもつて安楽行となす」と解釈してゐる。

この解釈によれば、安楽行は折伏行の結果で、法難を忍受、甘受することをもつて安楽行なのだとなり、如上の解釈を是認する思想がみてとれる。したがつて、勧持品は末法時代で折伏、安楽行品は像法時代で摂受といふ単純な分け方は、経文上から考察していくと窺へなくなつてしまふのである。

これにとどまらず、安楽行品の中には、転輪聖王が諸国の王を降伏させるといふ例へが出てくる。誓願安楽行の中に、である。

文殊師利よ、譬へば強力の転輪聖王の、威勢を以て諸国を降伏せんと欲するに、而も諸の小王にしてその命に順《したが》はざれば、時に転輪王は種々の兵を起して、往《ゆ》いて討伐するが如し

とある。つづけて

王は兵衆の戦ひに功ある者を見れば、即ち大いに歓喜して、功に随つて賞を賜ふ

とあるところをも勘案すれば、安楽行の修行は、転輪聖王が諸国の諸王を降伏する、征伐する、成敗する立場と等しい、さういふ行ひなのだといふことになるのである。

諸国を降伏する転輪聖王の存在は、まさに折伏そのものを表してゐて、安楽行品にみえる迹門の流通分の結論は、意外にも王力の行使による法華経の弘通となつてゐるのだ。

安楽行品は末代傍避

意外な結論が導き出されたところで、近代における日蓮教学の大家、田中智学（一八六一～一九三九）の安楽行品解釈を参考までに紹介しておく。

智学には『法華経大意』（私家版）といふ講義録がある。その二七九頁に注目すべき一文が

出てゐる。勧持品と安楽行品とのつながりを考へるうへで、大変示唆に富んだ指摘だと思はれるので、以下引用する。

安楽行品は表面には摂受行を示されてはゐるが、その経意の深義を探れば、そこには、やはり折伏行の旨が含まれてゐる。その証拠は、かの「強力転輪聖王欲以威勢降伏諸国」の金文を拝しても解ることである。予はこの四安楽行をもつて、「末代傍避《まつだいぼうひ》」と申すことにした。「傍避」の一語の中には随分深重なる義理が含まれてゐるから、よく考へるがよろしい。

田中智学の「四安楽行が『末代傍避』」であるとの指摘に対し、その意味をわれ等自身で解明しなければならず、以下はそれへの私の回答試論である。

勧持品の次になぜ安楽行品があるのか、最初に安楽行品を説きそののちに勧持品を説いたはうがいいのではとの穿《うが》つた見方も成立する。なぜなら、まづ緩やかに悪世末法や末法に近い悪世もあるから、その時代には安楽行品の弘め方をせよ、そして、その次には悪世末法の本番が来れば、八十万億那由他の菩薩をして二十行の偈を説かせて、困難な弘教をせよと次第したはうが順序だつてゐるからだ。

しかし、なにゆゑ勧持品の次が安楽行品といふ配置になつてゐるかといふのは、「末代傍避」

のためで、「末代傍避」は「一時退避」といつても大差ない。「末代」を時間的な経過を表現すると解せば、「一時」といふのも「末代」と同じ意味がある。「傍避」は逃避するといふ意味もあるから、避けて少し遠ざかることであらう。

そこで問題は、退と傍とがいかに違ふのかである。退の場合は、退いて物事とは一線を引いて、そして退避する、そこで断絶を自らつくり、避けて別な場所に移動して次を考へる。ところが傍は同じ線を引くにしても、完全に深い溝をつくり、そこから離れ退き断絶するわけではない、すこし道の傍らに寄つて避け、それで物事の推移を考へ見つめる、さういふ空間的・時間的解釈を対比的に進めていくと、一時、中心の回路から離れ末代に出る地涌の菩薩に譲るため傍らに離れる、この意味で安楽行品が必要になる、だから「傍避」と造語したのではなからうか。

現代的に捉へると「転進」ともいへさうである。かつて大日本帝国陸軍では、転進は敗北による退却ではなく、勝つためにする一時の方針転換だとしてゐた。大東亜戦争の時に軍が多用したので、あまり響きのよい言葉ではないが、もともとは転進して相手を撃つ、いいポジシヨン取りをするといふ意味である。かくして、傍避を転進と解せば、末代の弘教のために転進を図り、舞台を一時転換させ、そして末代に備へる、それが四安楽行なのだといふことを「末代傍避」といふ言葉で表現したのではなからうか。

第十二章　従地涌出品第十五

他方の菩薩の発誓

これから、法華経の後半部分、すなはち本門に入る。

その本門の最初が第十五番目の従地涌出品である。

この涌出品の流れをみると、大地の底から涌出《ゆじゅつ》する菩薩がメインテーマになる。その菩薩が涌き出てくる背景について、以下のやうに描かれてゐる。

その時、他方の国土より諸の来れる菩薩摩訶薩の八恒河沙《はちごうがしゃ》の数に過ぎたるは、大衆の中に於て起立し合掌し、礼を作して仏に白《もう》して言はく、世尊よ、若し我等に仏の滅後に於て此の娑婆世界に在りて勤めて精進《しょうじん》を加へて、是の経典を護持し読誦し書写し供養せんことを聴《ゆる》したまはば、当に此の土に於て広くこれを説きたてまつるべしと釈尊に言上した。

まづは、他方の菩薩の此の土における弘教の発誓で、その菩薩の数は「八恒河沙の数に過ぎたる」である。恒河沙とは、ガンジス川の河原にある砂の数を指し、それらの八倍の数だとある。まさしくインド式かぞへ方だ。

このやうな多数の他方より来たつた菩薩が、此の娑婆世界における弘教は困難を伴つたものであり勧持品で八十万億那由他の菩薩が発誓《はっせい》をした内容、あるいは安楽行品で説かれた四安楽行なども十分に踏まへ、此の娑婆世界で布教することを許してほしいと願つて出たわけだ。

少し横道に逸れるが、誓願を発《はっ》する、誓願を立てるといふこと、これにまつはる疑問について考へを巡らしておかう。

宝塔品で「付嘱してあること在らしめんと欲す」との釈尊の言葉があつたが、それにしたがひ、いろいろな立場で付嘱を願ひ出る、いはゆる発誓がなされてゐる。この発誓者を顧みると、ここに至るまで迹化《しゃっけ》の菩薩、阿羅漢、学・無学人、比丘尼、八十万億那由多の菩薩など、たびたび発誓があつた。涌出品でもまたか、と屋上屋を架す観がなきにしもあらずなのであるが、涌出品の最初には、他方から来た菩薩による発誓がなされてゐる。

これらの発誓に対して釈尊はすぐには許されず、地涌の菩薩を対象とし、のちの末法悪世における弘教のための付嘱をするが、では直ちに許されなかつた方がたはどうなつたのか、疑問が湧いてくる。

この疑問への答へは、後の神力品と嘱累品の両品が存在する理由にもなるが、神力品は地涌の菩薩に、他の発誓者には嘱累品でといふ具合に、すべての発誓者に付嘱がなされてゐて、直ちに拒否された迹化菩薩・他方菩薩・阿羅漢、学・無学人、比丘尼などにもきちんと付嘱されてゐるのである。

さて、従地涌出品に戻るが、この次がまた大変で、そこまで覚悟して願ひ出てきた他方の菩薩に対して「よく申した、困難を覚悟して弘めてくれるか。では、汝にこれを与へよう」と言はれると思ひきや、一転して

止《や》みね、善男子、汝等が此の経を護持することを須《もち》ひじ。所以《ゆえ》はいかん、我が娑婆世界におのづから六万の恒河の沙《すな》に等しき菩薩摩訶薩あり。一々の菩薩におのおの六万の恒河沙の眷属《けんぞく》あり。この諸人等は能く我が滅後に於て、護持し読誦して広く此の経を説けばなり

となり、この八恒河沙に過ぎた他方の菩薩の弘教誓願を却下するのである。

おまへたちが願ひ出てきたけれども、この娑婆世界には、弘教のための菩薩がゐるのだと、許しが出ない。早く申し出よと釈尊がおつしやるものだから、それならと決心して申し出たら、「止みね、善男子」だ。この場合の善男子は他方の菩薩である。そして、かたはらには

迹化、阿羅漢、学・無学、比丘尼、八十万億那由多などの諸衆が含まれてゐるとすべきなのだが、与へることはできないのだ、かういふ拒否、どんでん返しがある。
かくなる劇的な展開をうけ、この娑婆世界に旧住《くじゅう》してゐる菩薩、この菩薩が地から涌出して、釈尊の弘教《ぐきょう》命令により、末代に法華経を弘める役を担ふわけである。

地涌の菩薩の出現

以下に涌出時のリアルな状況描写をみてみよう。

　仏これを説きたまふ時、娑婆世界の三千大千の国土は地皆震裂《じみなしんれつ》して、其の中より無量千万億の菩薩摩訶薩ありて同時に涌出《ゆじゅつ》せり

大地の下から多数の菩薩が踊り出てくるが、釈尊が「出てきなさい」と命令したわけではない、おのづからこの娑婆世界には多くの菩薩がゐるのだと話した瞬間に、大地の下において釈尊の言葉を承つてゐた菩薩が、みづからの力で地から涌き上がり、従地涌出《じゅうじゆじゅつ》したのだというストーリーになつてゐる。
この点、法華経をよく読まないと、釈尊が「出ておいで」と直接声がけし、招集したから地から菩薩が出てきたと思ひがちなのだが、さうではない。地下にゐて釈尊の言葉を承る、

じつと聞いてゐた菩薩が、今がまさしくその時だといふので、一瞬にして地から自発的に涌き出てきた、かういふ描写になつてゐる。

この描写を現代的にみれば、ものごとが進展する時、他動ではなく自動で運ばれるといふことを象徴してゐるといつてよい。必要な人材は自然と何処からか現れてくる、かやうな道理が看取できる。

さて、地上に躍り出た諸菩薩の姿は、

是の諸の菩薩は身、皆、金色《こんじき》にして、三十二相と無量の光明あり、先より、娑婆世界の下、この界の虚空の中に在つて住せしなり、この諸の菩薩は、釈迦牟尼仏の所説の音声を聞きて、下より発《あらわ》れ来れり、いちいちの菩薩は、皆、これ大衆の唱導の首《しゅ》にして、各、六万の恒河沙等の眷属《けんぞく》を将《ひき》いたり

とある。

身は金色、三十二相を具へた仏に等しい大菩薩を地涌の菩薩、あるいは「本化《ほんげ》の菩薩《ぼさつ》」ともいふが、その地涌の菩薩が現れ四人のリーダーがゐた、それが上行菩薩《じょうぎょうぼさつ》、安立行菩薩《あんりゅうぎょうぼさつ》、浄行菩薩《じょうぎょうぼさつ》、無辺行菩薩《むへんぎょうぼさつ》である。

それぞれ「行」の字が付いてゐるが、サンスクリット語では、上行はヴィシシュタ・チャー

リトラ＝勝れた所行の者、安立行はアナンタ・チャーリトラ＝無限の所行の者、浄行はヴィシュッダ・チャーリトラ＝清浄な所行の者、無辺行はスプラティシュティタ・チャーリトラ＝確固たる所行の者、である。

それらの菩薩には多くの眷属（一族、配下、部下など）がゐたといふ設定になつてゐる。

その四人の菩薩が、

多宝如来と釈迦牟尼仏との所に詣《もう》で、至りをはつて二世尊に向かひたてまつりて頭面にみ足を礼し、ないし諸の宝樹の下の師子座の上の仏の所にてもまた皆礼を作《な》して、右に繞《めぐ》ること三匝《さんそう》し、合掌し恭敬し、諸の菩薩の種々の讃法を以て、以て讃歎したてまつる

のである。

要するに多宝塔の塔中にゐた釈迦牟尼仏、多宝仏、その外周にゐた十方分身の諸仏に挨拶をし、宝塔の周りを三回右回りした。

仏教各宗の法要のをり、経行《きょうぎょう》といふのがある。経行をする時は、本尊を中心にして三回右回りする、三匝《さんそう》するといふのは、さういふ意味であり、恭敬合掌《くぎょうがっしょう》し挨拶するわけである。

弥勒菩薩の無知の告白と質問

この四菩薩、地涌の菩薩が出てきたことによつて、弥勒菩薩がびつくり驚嘆する。

「何だ一体この地涌の菩薩の出現は」

と叫んだ。

自分は十方世界を遊行して、すべての仏やその弟子の菩薩がたにお目にかかつてきてゐるので、全ては分かつてゐるはずだと自信をもつてゐたが、この地涌の菩薩だけはお目にかかつたことがない。そこで釈尊に、

「一体これはどういふことでありませうか」

と、疑問をぶつけるのである。その様子を

無量千万億の大衆の諸の菩薩は、昔より未だ曾て見ざる所なり、願はくば両足尊よ説きたまへ、これは何れの所より来れるや、何の因縁を以て集れるや、巨身《こしん》にして大神通あり、智慧は思議し叵《かた》く、その志念は堅固にして大忍辱の力あり、衆生の見んと楽《ねが》ふ所なり、為《こ》れいづれの所より来れるや、一一の諸の菩薩の将いる所の諸の眷属は、その数、量り有ること無きこと、恒河の沙に等しきが如し、或は大菩薩にして六万の恒沙を将いたるあり、是の如き諸の大衆は、一心に仏道を求むるなり、是の諸の大師等は六万の恒河沙《ごうがしゃ》にして、ともに来りて仏を供養したてまつり、およびこの経を護持するなり

と、釈尊に疑問をぶつけた。
その疑問の中で、地涌の菩薩、多数の菩薩に対して
「乃《いま》し一人をも識《し》らず」
といふ有名な言葉が弥勒菩薩の口から発せられる。「乃し一人をも識らず」さういふびつくり大仰天をして、出てきたその菩薩に対して疑ひを持つて回答を迫る、ここまでが法華経本門の序分である。

本門の正宗分開始

その問ひに答へるところからいよいよ本門の正宗分《しょうしゅうぶん》、法華経の核心部分が始まる。

その前に本門の序分をざつと見つつ、以後の本門の構成を先取りしておかう。

涌出品十五番のこれまでのところの半品と、それから涌出品において発せられた弥勒菩薩の疑問への答へ以降と、次の第十六番寿量品全品と、それから寿量品の次の第十七分別功徳品の前半、これを一品二半《いっぽんにはん》といつて、本門の正宗分、それ以降が流通分と、かういふ構成になるのである。

法師品と、宝塔品に事起《ことおこ》り、涌出品と寿量品で事顕れ、神力品と嘱累品で事畢《ことおわ》る、このやうな起《き》・顕《けん》・竟《きょう》の三段階を経て付嘱するぞとの慫慂《しょうよう》があり、提婆達多品では悪人提婆達多と八歳の龍女の成仏といふ二つの経力を示し、そして勧持品では末代悪世の弘教としての折伏

行とそれへの反応が予言されてゐて、それを受け安楽行品では末法以外の時代に弘教する仕方として四安楽行が示され、比較的安易な行の在り方も示された。

以上の舞台設定から、他方の菩薩が弘教の願ひを申し出たが却下され、「止みね、善男子」の一言で断ち切られた。そこに地涌の菩薩が出て、涌出品の後半に入り、法華経の末代弘通の主役は地涌の菩薩に移つていくといふ展開になる。

さうした展開、構成を持つた法華経が、わが国に流伝してきてから、聖徳太子も読まれ、伝教大師、日蓮聖人も読まれた、それ以外にも名だたる仏教家は目を通して読んでゐる。仏教家に止まらず、天皇や貴族、武士や庶民も読んでゐる。しかし、文章は何ら違ふことはない、誰が読んでも同文だ。ただ、その文の底に秘められてゐる義理、それから仏意をいかに探り出すかが、じつは読む人すべてにとり必要なのである。法華経の言はんとするところの文底を捉へるべきであるといふ立場にたち解釈をしたのが、法華経の正系思想家たちである。

正系は正統継承者のことと同じだ。文章の表面のみの解釈だけに終はらず、文底の義と意を探る、その作業を行ふ正統継承者の法華経観こそが肝心なのであり、この正系思想に連なつたのが、インドでは龍樹《りゅうじゅ》、天親《てんじん》（世親《せしん》）などの論師である。シナにおいては天台《てんだい》、妙楽《みょうらく》など、日本においては伝教《でんぎょう》、日蓮《にちれん》などの人師、大師だ。

かかる正系を法華思想史上に認めて、法華経を読んでいかなければいけないといふのが、法華経の全体を俯瞰した場合の大きな課題なのである。

原発事故と地涌の菩薩

地涌の菩薩の出現について、平成二十三年三月十一日に起きた東日本大震災をめぐり、興味深い話がある。『死の淵を見た男』（ＰＨＰ研究所刊）といふ本がある。ノンフィクションライターの門田隆将氏が、津波による原子力発電所の事故の後にまとめた本である。当時、東京電力福島第一原子力発電所の所長をしてゐた吉田昌郎氏を主人公にした作品。その中にかういふ箇所があるので引用する（原文現かな）。

吉田が震災の一年五ヵ月後、二〇一一年八月に福島市で開かれたシンポジウムにビデオ出演した。このときがんで、直接出向けなかったやうですね。それでビデオ出演されたさうですが、現場に入っていく部下たちのことを、私が昔から読んでゐる法華経の中に登場する地面から涌いて出る地涌菩薩のイメージを、すさまじい地獄みたいな状態の中で感じた。と、ビデオで語られたさうです。

それに対して、奈良在住の寺院住職、杉浦弘道師、彼は吉田所長と高校時代同じクラスだつたさうだが、杉浦師は

ああ、吉田なら、命をかけて、事態の収拾に向かつていく部下たちを見て、さう思ふだらうなと思つたんです。吉田の菩薩の表現がよく分かるんです。部下たちが疲労困憊のもとで帰つてきて、再びまた事態を収拾するために、疲れを忘れて出ていく状

態ですもんね。吉田の言ふ菩薩とは、法華経の真理を説くために、お釈迦さまから託されて、大地の底から湧き出た無数の菩薩の姿を指してゐると思ふんですが、その必死の状況といふのが、まさしく菩薩が湧き上がつて、不屈の精神力をもつて、惨事に立ち向かつていく姿に見えたのだと思ひます。

地震直後に発生した原子炉事故を、テレビを見ながら一喜一憂してゐた。ＮＨＫの解説委員が「水を入れさへすれば大丈夫です」と鸚鵡返しに発言してゐたのを思ひ出すが、自衛隊もヘリを出して上空から海水を投入する、消防や警察も決死の思ひでやつてゐた、それにもまして現場の東電の職員も死を覚悟して、決死の行動だつた。それを指揮統括してゐた吉田所長が、その部下たちの背中を見て、これは法華経の中に出てくる地涌の菩薩でなければできないことだ、さういふことを感じたのだ。

地涌の菩薩はいつ、だれによつて教化されたのか？

さて、元に戻すが、地から涌出してきた菩薩を、いつだれが教化したのかといふテーマが出てくる。ここに仏の久成、久遠実成といふ思想が出てくるわけである。これは仏の寿命といつでも同じことになるが、法華経のこれまでの舞台とは異なる舞台設定が現れてくる。

地涌の菩薩の出現に対して、主な聞き手になつてゐた弥勒菩薩が、仏に等しい高貴な地涌の菩薩はこれまで拝見したことがない「乃し一人をも識らず」といふ言葉で、地涌の菩薩のことを釈尊に問ふ。

地涌の菩薩のお姿を拝見してゐると、釈尊は青年のやうで拙い感がする、地涌の菩薩のはうは、老成者の威厳を持つてゐる、その威厳を持つた菩薩に対して、拙い青年のやうな釈尊が、これは「吾輩の教へ子」なんであるといふのは、いささか合点がいかない、これはいかなる理由なのかと問ひを起す。そこまでが、この流通分の序分にあたる箇所だ。

その次にある、

その時、釈迦牟尼仏は、弥勒菩薩に告げたまへり。善いかな、善いかな、阿逸多《あいった》（弥勒菩薩）よ、乃《なんじ》は能く仏にかくのごときの大事を問へり。汝等は、まさに共に一心に、精進の鎧を着、堅固なる意を起すべし。如来は今、諸仏の知恵と諸仏の自在の神通の力と諸仏の師子奮迅の力と諸仏の威猛《たけだけ》しき大勢の力を顕発し、宣示せんと欲するなり。

のところから、法華経本門の正宗分が開始されるのである。

地涌の菩薩が出てきたいはれは、仏の命が久しき遠くからの寿命、久遠の寿命なのだといふことを明かす突破口、かやうな説明なのである。

第十三章　如来寿量品第十六

三誡・三請・重請・重誡（四請四誡）

このやうな質問をもつて従地涌出品が終了し、いよいよ寿量品に入るわけである。その概要を以下にみていかう。

最初は「三誡《さんかい》三請《さんしょう》重《じゅう》請《しょう》重《じゅう》誡《かい》」である。これはどういふ意味か、経文の最初部分を読めば分かる。

　その時、仏、もろもろの菩薩および一切の大衆に告げたもう。もろもろの善男子よ。汝だちは、まさに如来の誠の言葉を信解すべし

かういふ言葉を三回繰り返す。これは何かといふと、「これから話すことをあだやおろそかに聞いてはならん」といふ誡めの言葉である。それに対して弥勒菩薩をはじめとする法華経を聞く会座の大衆が何と応へたかといふと、

世尊よ、ただ願はくは、これを説きたまへ。われらはまさに仏のみことを信受したてまつるべし

と申し上げた。

誡めを承つて、そのやうにいたしますから、何としてもお説きいただきたいと三たび請うたのである。そして、なほ弥勒菩薩、あるいはその他の会衆が重ねて願ひ出た、それに対して釈尊は重ねて誡めて、この寿量品が説き出だされる、以下のやうにだ。

汝等よ、諦《あきら》かに聴け、如来の秘密、神通の力を

と。

すなはち、これからの説法はすべて「如来秘密神通之力《にょらいひみつじんずうしりき》」なのだと仰せられたのである。この三誡、三請、重請、重誡といふ手順は、重要な説法を開始するにあたつての一種の儀式、今日的な言葉でいふセレモニーであらう。

方便品の時にもやはり同じやうに、釈尊は三度これを止め、仏弟子は三回まで請ひ奉つた、そして、重ねて請ひがあり、「そこまで言ふのであれば」説き出さうといふので、三止、三請、重請、許説の儀式があつた。

方便品は、さういう様式であつたが、寿量品にくると、方便品とは大いに形相が変はつてくる。まづ釈尊の側から口を開き、本来なら仏弟子の要請があるのだが、それを待たず「これをあだやおろそかに聞いてはいけない」といふ釘を刺すこと三度におよぶ。

あだやおろそかに聞くべきではない、と誡められた、その誡めを受けて、分かりましたといふ声が返つてき、しかも、重ねて願つたので、改めてもう一度誡めて、これから説かうといふ形になる。従来の法華経説法の仕方、仏弟子からの願ひをうけ説き出だすといふ形式とは変はつてゐるのに注意する必要がある。

久遠成道・久遠本仏

さうしたセレモニーを経て、次に出てくるのは何か、釈尊の久遠成道、いはゆる久遠本仏が明かされるのである。

> 一切世間の天人および阿修羅は皆、今の釈迦牟尼仏《しゃかむにぶつ》は、釈氏《しゃくし》の宮を出でて伽耶城《がやじょう》を去ること遠からず、道場に坐して阿耨多羅三藐三菩提を得たりとおもへり。しかるに善男子、われは実《じつ》に成仏してよりこのかた無量《むりょう》無《む》辺《へん》百《ひゃく》千《せん》万《まん》億《のく》那《な》由《ゆ》他《た》劫《こう》なり。

かういふ断言がある。

一切世間の天人および阿修羅は皆、今の釈迦牟尼仏、目前で法華経を説いてゐる仏のことだが、その仏について、悉達太子《しったるたいし》のをり住んでゐた王宮、伽耶城《がやじょう》を出てそこからさう遠くない道場に坐して開覚成道したと思つてゐるであらう。ところが、「さうではないのだよ」と仰せになるのである。

われわれも、生をこの世にうけ、学問をし自分なりの思想信念が完成する、さうした段階を踏む存在で、それと等しいのが目の前にゐる仏なのだと思つてゐるだらうが、それは、天人および阿修羅の境涯なのだと断じる。

然るに善男子よ。われは実に成仏してよりこのかた、無量無辺百千万億那由他劫なり。

かういふ断言がつづく。

伽耶城に浄飯王の王子、悉達太子として生まれて、長期の修行を経て悟りを開いたと思つてゐるだらうが、あにはからんや、今から何十年か前に生をうけ、修行の結果、悟りを開いた始成の仏ではないのだ「我は実に成仏してよりこのかた、無量無辺百千万億那由他劫なり」といふ宣言なのだ。

無量無辺百千万億那由他劫といふのは、インドの時間表現であるから、それぞれ、数学的には計算式があつて、数字のゼロがどれくらゐ連なつてるかといふ研究分野もある。さういふことをするのは専門家に任せ、とにかく、数字では表しきれないぐらゐの年数が経つてゐるのだといふ理解に止めたい気もするが、普通の日本人流に申せば数字はあまり意味がないといふことなのかもしれない。しかし、それでは経文の味はひ方が杜撰になる。

そこで劫についてごく簡単にふれてみる。これはサンスクリット語ではkalpa（カルパ）で、いかなる時間かといふと諸説あるうちの一説は、三千年に一度、天女が地上に降りてくる、地上に降りてくる天女の衣が、さつと石を払ふ、すると、ごく僅か石が欠ける、その石は四十里四方の石で、とにかくこの大きな石を天女が三千年に一度降りてきて、さつと衣で石を払ひ、その石が全て擦り切れてなくなつてしまふ、それが一劫なのだとある。その一劫に乗じるに「無量無辺百千万億那由他」なのだと、かういふことである。推して知るべしだ。以上の如き期間（数字）について寿量品には一例をもつて説明してゐる。

その例へこそが、五百塵点劫《ごひゃくじんてんこう》といふ例へなのである。無量無辺百千万億那由他劫といふ劫を例示すれば、

　五百千万億那由他阿僧祇の三千大千世界を、たとへ人ありてすりて微塵となし、東方、五百千万億那由他阿僧祇の国を過ぎて、すなはち一塵を下し

ていく、五百千万億那由他阿僧祇の三千大千世界を、ある人が寄せ集めて、何かの方法で、

それをすつて塵にしたとする。その塵を、今度は東方の五百千万億那由他阿僧祇の時間を過ぎた国土に向かひ、その一塵を下していく。その塵を下し切るといふことすら「おまへたちには、分別つかないだらう」といふのだが、しかし、それだけではない。

この微塵を尽くさんがごとき、もろもろの善男子よ意においていかん。このもろもろの世界は思惟しかんがへ計りて、その数を知ることをうべしや否や。

この問ひかけを受け、

弥勒菩薩等はともに仏に中して言はく、世尊このもろもろの世界は無量無辺にして、算数の知る所にあらず。また、心力の及ぶ所にもあらず。一切の声聞、辟支仏は、漏智をもつてすとも、思惟してその限《かぎり》数を知ることをあたはず

それは、さうだ、このやうな数をいかに悟りを持つた者や数を数へる専門家といへども、計り知ることはできない、弥勒菩薩はそのやうに答へた。釈尊はそれに畳みかけるやうに、

そのとき、仏は大菩薩衆に告げたもう。もろもろの善男子よ今、まさに明らかに汝等に

宣べ、語るべし。このもろもろの世界の、もしくは微塵を著《お》けるものと、および、著《お》かざりしものとを、ことごとくもつて塵となし、一塵を一劫とせん。われ成仏してよりこのかた、またこれに過ぎたること百千万億那由他阿僧祇劫なり……

かういふことで、五百塵点の例へをもつて説かなければ、説明できないやうな長期間の昔に、今、法華経を説いてゐる釈尊は覚つたのである、悟りはそこにあるのだと、驚天動地の世界が展開しだしたわけである。従来説かれてゐた始成の仏といふ概念が完全に否定された瞬間であつた。

ここにおいて、法華経の構成は、がらつと変はる。

これまで序品から説き明かされて、舎利弗や目連《もくれん》や迦旃延《かせんねん》や迦葉《かしょう》といつた地上に生を享けて、人間身を持つた仏弟子が、すべて成仏することができるといふ立場から、まつたく一変した久遠の仏を説く、仏の資格内容が久遠の五百塵点劫の昔からの成道である、このやうになるのである。

ここに法華経の本門の正宗分が始まり、これまでの迹門とは大きくかけ離れた舞台の設定がなされるのだ。

久遠本仏による衆生教化

寿量品に明かされた久成《くじょう》の釈尊は、五百塵点劫といふ大昔、久しき過去に成道したが、そののちにおいて、いかなることを行つてきたか、それが次の「衆生教化」である。

また、種々の方便をもつて、微妙《みみょう》の法を説きて、よく衆生をして、歓喜の心を起さしめたり。もろもろの善男子よ、如来はもろもろの衆生の小法を願へる徳薄く、垢《あか》重きものを見ては、この人のためにわれは若くして出家して、阿耨多羅三藐三菩提を得たりと説くなり。しかるに、われは実に成仏してより、このかた久遠なること、かくのごとし

かういふことが説かれ、久遠に成道した釈尊が、じつはこれまでさまざまな仏のすがたを有ち説法してきてゐる、過去の仏を示現しつつ説法をしてきたのだ、だから、今インドに生まれてきて以後だけの説法ではない、それ以前から説法を行つて衆生を救つてきてゐるのである、このやうな立場が鮮明されるのである。

この立場は、法華経は一切の諸経を包摂し、かつ開顕し得る立場、思想であることを示してゐる。

古今東西、人の世にはさまざまな宗教や倫理・道徳が存在してゐる。

仏教に限らずユダヤ教やキリスト教やマホメット教であつたり、儒教などの人の道を説く

人生訓であつたりするわけだが、これらは殆どが相手の立場をおもんぱかつて説く、いはゆる衆生の機根を相手とした説法といへる。しかし、久成の本仏の世界からすると、何らかの統一の教へがなければてんでんバラバラな教訓になりかねない、或る人にはぴつたりと当てはまるが、別な人には悪影響を与へる説となりかねない、かうしたアンバランスをいかに統一すべきか、この点につき久成の釈尊の存在と説法を設定することで統一が可能になるとの思想なのだ。

したがつて、諸経を統一する目的を持つた衆生救済、これが法華経寿量品の明かす本仏の存在である。法華経の偉大なところはここにあり、これまでの伝統宗学で「法華経の魂魄」や「一切経の眼目」と称されてきた所以なのである。

以上の久成の本仏思想を用ゐれば、日本国の建国理想、すなはち、積慶《せきけい》・重暉《ちょうき》・養正《ようせい》の三綱を実践し、その上で八紘一宇・六合一都といふ道義による世界の統一を目指すものと法華経は奇しくも一致してゐる、となる。古事記や日本書紀の古典に出てくる天照大神と、法華経が明かす久成の本仏とが冥契してゐると開顕的に解釈できる。王仏冥合、法国相関思想である。

六或示現の法門

その次に「六或《ろくわく》示現《じげん》」が説かれる。

六或示現とは、経文に「或いは」といふ箇所が六ヵ所ある関係で、六或と造語するわけであるが、その六つとは何か。

一番めは、「或いは己が身を説き」（過去の説法。説法をして、衆生を救済してきてゐる己が身）である。

二番めは、「或いは他の身を説き」（他の身といふのは、序品にあつた十方諸仏のこと。自分の分身を作つてそれぞれが、その時々、場所によつて衆生教化のために説法をしてゐる。あるいは、説法をさせてゐる）である。

三番めは、「或いは己が身を示し」（自分の身、現身を示す。目の前にみんなに見えるやうに、この身を現してゐる）である。

四番めは、「或いは他の身を示し」（他の身を示してゐる。これは、さきほどの十方分身の諸仏を虚空会に集めることによつて示してゐる）である。

五番めは、「或いは己が事《じ》」（事といふのは何かといふと、国土のこと。仏が説法をする場所は、仏の国土である。これが仏教の一般的な通説）である。

六番めは、「或いは他の事《じ》」（他身の国のことを示してゐる）である。

以上のごとき六種の形態を持ち、自・他の国土で釈尊が久遠に成道して以降、衆生教化した来歴が、示し現はされてゐるのだ。

ここにも法華経は諸経を統一する立場、この思想が色濃く表れてゐるとせねばならないのである。

良医の譬へ

次に出てくるのが「良医」の譬へだ。

六或示現で捉へられる規模の教主釈尊は、

良医の智慧聡達《さとく》して、明かに方薬をしらべ、善くもろもろの病を治するがごとし

のごとき立場で、衆生を教化してゐるとある。

この良医の譬へは、もちろん本仏が良医で、その教化に浴する衆生のはうは病人である、この久遠成道《くおんじょうどう》の仏は医者である、かういふ例へが六或示現の次に出てくる。

ここで大切だと思はれるのが、病める衆生、いはゆる人間に対して仏が救済を与へる。その与へるについて「是好良薬《ぜこうろうやく》　色香美味《しきこうみみ》　今留在此《こんるざいし》」とあることだ。

医者としての仏が処方する薬、この薬を飲めば病は癒えるが、なかなかこの良薬を飲まうとしない、それが病める衆生なのだ、薬があつても飲まない、これでは薬にならないといふことである。

本門におけるその薬は何か、「色香美味」が備はつた良薬だ。良き色、良き香り、旨い味はひ、

これが備はつた薬なので、この薬を飲むやうに、今とどめて、ここに置いた、このやうにある。薬を飲ませるために、医者は一端他国に離れる、衆生の身近にゐなくなつてしまへば、病人は置いてきた薬を飲んでくれるかもしれない、飲む人もゐれば、飲まない人もゐる、その飲まない人に対して、いかなる教化を行つたか、使《つか》ひを遣《つか》はしてその薬があるから、それを飲めば治るよと言はせる、「遣使還告《けんしげんごう》」である。

ここに留めることで薬を服した、飲んだ、病が癒えて救済が実現したといふのは、いはば、仏の在世の問題であつたが、仏が亡き後は、この薬をどう飲ませるか、そこに使ひが必ず遣はされる、そして、その薬を飲みなさい、これはあなたがたの父である仏が願つてゐたことなのだ、さういふことを伝言する役目の人が出てくる、それが「使ひを遣はして還りて告ぐ」である。

キリスト教に似通ふ教義

このやうな良医の譬へをみていくと、ユダヤ教の預言者とか、キリストの存在が興味ある存在になつてくる。

キリストについては、預言者の一人とユダヤ教では捉へるが、神の言葉を預かり人びとに伝へていく、さういふ預言者である。これは、仏の滅後に出てきて、色香美味が備はる教へを伝へていくであらうとの法華経の遣使還告思想と一脈相通づるものだ。法華経の中には、非常にキリスト教に似かよつた教へが存在するのだ。

使ひとは地涌の菩薩であり、この菩薩が還りて告げた、還りて告ぐといふのは遣はされた人が、衆生にそれを伝へるといふことで、この使ひを遣はすのが本仏、告げる内容は良薬、すなはち教へである、この仏（本仏）、菩薩（本化《ほんげ》）、法（本法）の三つが、法華経の寿量品の遣使還告といふ例への中に含まれてゐるのだ。

この本仏、本僧・本化、本法といふ三宝一体思想が法華経の寿量品には出てきてゐるのである。

昭和の初期、田中智学の高弟山川智応《やまかわちおう》が、〈シリーズ日蓮聖人の宗教哲学〉を手掛けたが、『基督教と日蓮聖人の宗教』（乾元社刊）といふ一書をまとめてゐる。この中にも、そのことが詳細に論じられてゐる。

山川は、この三宝一体思想は、思想的にみればキリスト教に似てゐるのだとする。仏は神、菩薩はキリスト。父なる神と、子なるキリストと、そして、法は何かといへば、これは聖霊だ。この父なる神と、子なるキリストと、聖霊と、この三位が一体なのだ、したがつてキリストの三位一体論と、法華経の一体三宝観とは構成的に似通つてゐると見做し、かくなる構成があるゆゑに、キリスト教と法華経は世界宗教として広がつていく存在になり得た、かういふ解釈をしてゐる。

ただし、キリスト教のいふ三位の中、聖霊について考察を深める必要があらう。

聖霊が宗教哲学的な内容を含んだ上でのものだとは分かるが、聖霊といふのがよく耳にする神の声、神の声を聞く、かう言はれると、大いにまごつく。

しかし、まごついてばかりゐたのでは話にならないので、少し考へを進めてみると、結局、聖なる霊的存在のことのやうだ。しかもこの霊は祈らないと摑めない。

近世および明治の時代にキリスト教を受け容れた日本人は、純粋な宗教的民族であるから、キリストの霊の声を聞かなければいけないと頑なに信じ、熱烈に祈るところから、キリスト教を受容していつた。そしてなにがしかの声を聞くことで素直に信じた。

その点で参考になる話がある。

明治時代に島地黙雷といふ真宗の僧侶がゐた。

島地黙雷は、明治維新直後、ヨーロッパに留学し、かの国から明治新政府が採用する神道国教化路線に否を唱へ、新政府へ建白書を提出した硬骨僧である。その黙雷の次男の雷夢が、クリスチャンになつた。黙雷といへば真宗の大御所だ。その次男の雷夢が仙台の二高に在学中、キリスト教に入信してしまふ。さうすると父親の立場がなくなる。父親は真宗の中心人物、キリスト教は駄目だと言つてゐる。その息子が、キリスト教に入信し、フランシスコとかいふ洗礼名まで持つた。

話はここからだ。

その雷夢がキリスト教に入信するにつき、二晩か三晩、祈りに祈り続けて、神の声を聞いた。そして、これで自分の悩みは解消されたと確信し、神は実在するのだ、聖霊に導かれて、父なる神に信仰をささげなければ自分の人生の悩みは解決しない、阿弥陀如来の声は聞けなかつたが、キリストの声は聞けた、かういふことで入信したのである。（村上護『島地黙雷』〈ミネルヴァ書房刊〉・「伝統と革新」26号拙稿『明治のグローバリズムと八紘一宇』〈たちばな出版刊〉参照）

これなどを参考にすると、聖霊といふものは、父なる神の意思を霊となつて伝へていくといふ意味であらう。これは仏教でいふ「法」に配当可能といふ考へも認められるのである。かかる解釈にもとづいて、法華経の一体三宝論が考へられていくといふことは、非常に現代的なテーマにもつながつてくるのだ。

もろもろの仏の位置づけ

仏教では釈尊以外にもいろいろな仏が説かれてゐる。薬師如来とか阿弥陀如来、大日如来などである。

これらの仏であるが、歴史上早く説き出された仏と、その後から説き出だされた仏があるのは否めない。それについての研究は深められてゐる。大日如来は遅れて出てきてゐるといふのが今の仏教界の通説だ。大乗経典発生論からみると大日経の出現はかなり遅れるのである。現今の研究によれば阿弥陀経・華厳経・般若経と法華経、この部類は早くできてゐるとなる。たとへば漢訳法華経の原典とされるサンスクリット経典は、世紀前一世紀から西暦二世紀、したがつて西暦前、西暦後にまたがり、仏の滅後四百年から五百年にして発生してゐるとされてゐる（山川前掲書）。

諸仏の名前を出していつたら多くて大変だが、逆になぜ諸仏が必要であつたのかといふことから考へれば、諸仏諸経典のそれぞれの位置づけを、法華経の寿量品が果たしてゐるといふことになる。

六或示現《ろくわくじげん》によつて、それぞれの仏の身を示したり、事《じ》（国）を示したり身を説いたりしてゐるとの箇所があつたが、なるはどこの法華経を説いてゐる仏によつて諸仏は説かれたのだとなる。諸仏の事（国）が示されたといふことは、合理的に諸仏の統一が可能になることでもある。

とにかく、諸仏の存在を合理的に統一することができる、かういふことが、法華経寿量品に明かされた内容特色といつてよいのだ。

自我偈

以上のやうな流れは、寿量品の長行《じょうごう》の箇所の内容である。

経文には長行と偈《げ》、咒《じゅ》があり、長行・偈・咒と三種の経文が出てきてゐるが、寿量品の長行では、以上のやうな流れの説明がされてゐる。

長行の内容を偈をもつて、再度説明していく、これが「自我偈」である。法華経の信者であればほとんどの人が読み諳んじてゐるであらう、馴染みのある自我偈である。

この偈は、たとへば般若経でいへば、同経の神髄をまとめた般若心経のやうなもので、非常に有名なところである。漢訳経典では五字づつ韻をふんでゐて、出だしが、

我れ仏を得てより、このかた経たる所のもろもろの劫数《こっしゅ》は無量百千万億載阿僧祇なり

「自我得仏来　諸経所劫数」とあるので、これを自我偈といふわけである。長行で説かれた久遠実成の本仏、これを再び偈をもつて説明してゐるのだ。

ざつと以上が寿量品の内容である。

さて、これまで述べてきた寿量品第十六の内容が、以上のやうなことだとすれば、この寿量品に説かれたテーマを受け取る側の功徳とはいかに、これをどう捉へていくかといふのが、その次の第十七番から第十九番までの三品の内容である。それぞれに功徳が付されてゐて、仏の寿命がそれほど遠い昔から存在してゐる、さういふ寿命（仏寿）を持つてゐる、この仏寿が長遠であるのを聞き、それを理解することによる功徳はいかなるものであるか、この点を以下の三品に説かれるわけである。

第十四章　分別功徳品第十七

現在の四信　一念信解《いちねんしんげ》

まづ、分別功徳品の中に出てくるのは、在世の衆生が寿量品に出てきた仏寿長遠なることを聞くことで、現在の四信の位でこれを受け止めるといふことである。

まづ四信について説明しよう。

仏の在世には四段階の受け止め方があり、その受け止め方におけるそれぞれの立場を説明してゐるのである。これを現在の四信といつてゐる。

現在といふのは、仏の在世のこと。仏の在世において会座に連なつた仏弟子の受け止め方は、最初に一念信解といふ立場が認められる。

ではー念信解はどのやうなものであるかといふと、

そのとき、仏は弥勒菩薩摩訶薩に告げたまふ。阿逸多よ、それ衆生ありて、仏の寿命の長遠なること、かくのごとくなるを聞きて、乃至、よく一念信解せば、得るところの功

徳は、限りあることなからん

と明かされてゐる。

ちなみに、ここから本門の流通分に入る。涌出品の後半・寿量品・分別功徳品の前半、これを一品二半といふが、ここで正宗分が終了し、次のステージに移行するのだ。

移行したのち、仏寿長遠を受け止める最初の立場は何か。一念に信解する、この立場が第一信だとある。これは、ごくわづかな一念に信解するだけであるから、別に理論的とか、あるいはそれ以上に詳しく内容を理解して信ずるといふのではない。仏の寿命はそんなに長いのか、それを聞いただけで「そのとほりであらう、だから自分は信じます」といふ位である。いつてみれば、ごくごく浅い心のほんの一つまみの心を動かし、仏の寿命は長遠なのだといふことを信ずる、さういふ立場がまづ説かれる。

現在の四信　略解言趣《りゃくげごんしゅ》

その次が第二番目の略解言趣である。

また、阿逸多よ、若し仏の寿命の長遠なることを聞きて、その言葉の趣を解するものあらば、この人の所得の功徳は限量《かぎり》あること無くして、能く如来の無上の慧をおこさん最初は一念だけで受け止め、詳しい深い理解はなくて信じたけれども、次の段階に移行すると、その仏寿長遠を略々理解し、そして、それを信ずる、理解するといふ立場に移行する。それが第二番目の略解言趣といふことである。

現在の四信　広為他説《こういたせつ》

それから、その次に進むと広為他説になる。仏寿長遠を聞いて、信ずる、あるいは略解するだけではなく、信じ略解したものを他に向かつて説いていくといふ立場に移つていく。

何に況んや、広くこの経を聞き、若しくは人をしても聞かしめ、もしくは自らも持ち、若しくは人をしても持たしめ、若しくは自らも書き、若しくは人をして書かしめ、華・香・瓔珞・香油・蘇燈をもつて経巻を供養せんをや。この人の功徳は無量・無辺にして、能く一切種智を生ぜん

である。

要するに他に対する行動を起すわけで、法華経の寿量品の内容を自分だけが信じ理解するのみでなく、他に向かつてこれを説いていく、教へを広めていくといふところに深まつてい

くのである。この功徳については

この人の功徳は無量・無辺にして、能く一切種智を生ぜん

といふ功徳が与へられるとなつてゐる。

現在の四信　深信観成《じんしんかんじょう》

そして、最後、第四番目の立場に至ると

阿逸多よ、もし善男子、善女人ありて、わが説きし寿命の長遠なることを聞きて、深心に信解せば、すなはち、これ仏の常に耆闍崛山《ぎっしゃくせん》にましまして、大菩薩もろもろの声聞衆の囲遶《いにょう》すと共に、説法したもうを見奉らん

かういふ深みに至り、神通力をそなへ、仏と等しい境地に達する偉大な功徳を獲得することができるとなる。

数ある功徳の中での久遠の功徳

この品の前部分は、以上のごとく仏の在世における四段階の功徳を説いてゐるわけだが、功徳とは積功累徳《しやっくるいとく》の略、俗に「善行に善果あり」などといふが、仏教では仏行といふ因には、それ相応の得る果があるとなつてゐる。修行により得る徳分ともいへるが、この品における それは、あくまでも寿量品を聞くこと、聞くのみのごく単純な行為の中においての功徳を指す。すなはち、仏寿長遠を聞いた、それに対する反応や結果のことであるから、さういふやうな段階を経て、だんだんと悟りが深まつていくといふ内容を明かしてゐるわけだ。

繰り返しになるが、この点でよくよく注意しなければいけないのは、仏寿長遠を聞いて一念信解する、あるいは略解言趣する、または広為他説する、そして深信観成するといふことであるから、仏寿長遠といふ寿量品の内容を聞いた功徳を説いてゐることを忘れてはならないことである。

功徳については、もちろんこの品以外にも説かれてゐる。それは仏の教へのそれぞれを聞いて、信ずる、あるいは理解を深めることの功徳である。方便品において説かれた諸法実相、もろもろの相（諸法）は、ひとつの真実（実相）から出てきてゐるのだといふやうな教へを聞いて信ずる立場だ。これは迹門に信解品第四があるのを想起すれば同じ信でも内容が大きく隔絶してゐることに理解が及ぶ。信解品における信は、もろもろの存在の相の根源にある法（十如是）が一つなのだといふことに対する信であり、喜びであり、理解であり、その功徳にとどまる。さういふ功徳とこの分別功徳品に説かれた現在の四信の功徳といふものは、別世界、ステージが異なる功徳になつてゐて、そこに、迹門と本門の違ひがあるわけだ。

迹門の功徳は、いつかは無くなつてしまふかも分からない功徳、本門の功徳にくると、仏寿長遠を聞いての功徳であるから、これは無始からの確固とした悟りにつながり、したがつて功徳はより深く、かつ久遠から継続してゐるものとなる。一度信じたら破壊しない功徳になる、このことを明かしてゐるのであらう。

本門法華経は苦行を要求しない易行

また別の面から考察すると、仏寿長遠なる教へは、これまでの法華経では絶えて明かされなかつたものであるので、それだけ本時、すなはち久遠における本仏開覚成道時の重要な教へであるとなる。この教へをただ聞くのみでかやうな功徳が与へられるのは、仏教では本来有り得ないことである。修行のない得果は因果の法則に反するもので、このやうに功徳をいただくといふのは仏教における異常・異例なのだ。

功徳を受ける側からすれば、聞く行為から出発し、聞いてから信じるのが基本だから、易しい行為で済む、かやうな視座がここに導入されてしかるべきなのだ。別な言葉を使用すれば即身成仏である。この点で真宗などが王法為本に対して信心為本をいひ、末代衆生の救済のための悪人成仏を主張するが、構造的には法華経本門のかかる功徳観と似通つてゐるといへなくもない。

また、日本国の国体構造からこの点を観察してみると、非常に示唆に富んだ見方ができる。すなはち、わが国における「天照大神の天壌無窮の神勅」を題材にしてみようか、天照大神が久成の仏、神勅が久成の法とみることが可能。また、神武天皇の建国を巡る一連の歴史事実を題材にしてみようか、わが国の建国のをり、三綱（重暉・積慶・養正）実践、六合一都・八紘一宇といふ宣言があるが、この理想を信じるか信じないかで、日本国の共同体の成員になれるかなれないか、もし信じれば自ら共同体に生きる民となり、民自らが目的、方針を立てる必要はなく、神と神の言葉、すなはち方針に従へば自然と神人一如、君民一体の実が示され、共同体の一員に組み込まれる。この点で仏弟子による信解の功徳による成仏と似通った易行としての構造が感得されるのである。

法と国とはこのやうにして冥合してゐるのだ。

さて、かかる功徳の獲得は、仏の在世の時だけかといふと、さうではない。仏が亡くなった後、この仏寿長遠を聞いたり知ることにより、いろいろな功徳を得ることができるのだといふのがこの品の後半に出てくる。

滅後の五品　随喜品

それを「現在の四信」に対し「滅後の五品」といふ。五品といふのは五種類といふ意味である。

では、その「滅後の五品」とは何か、一番目に

また、如来の滅後に、若しこの経を聞きて、しかも毀訾《そし》らずして随喜の心を起さば、当に知るべし、既にこれ、深信解の相なることを

といふやうに説かれてゐる。その随喜の心を起すことは、現在の四信の中の最後の深信観成に等しい深信解の相なのだとある。

滅後の五品　読誦品

そして次に

何に況や、読誦し受持せん者をや、この人は則ちこれ如来を頂戴し奉るなり

ここに滅後五品の二番目が説き出だされてゐる。これが、読誦品といふ立場である。その読誦品の前に「随喜の心を起さば」とあり、一番目で随喜を起したのち、法華経を読み、受け持つといふところまで進んでいく、これが読誦品で二番目である。

滅後の五品　説法品

三番目が説法品である。

これは、先ほどの現在の四信で出てきた広為他説に配当されるが、

阿逸多よ、若しわが滅後にこの経典を聞きて、能く受持し、若しくは自らも書き、若しくは人をしても書かしむること有らば、則ちこれ僧坊を起立《おこ》し、赤栴檀《しゃくせんだん》をもつて諸の殿堂を作ること、……供養するなり

とある。

自らも法華経を受け持つて書写し、人にも書かしめ、人に説いていく、説法していく。さういふアクションを起してくる。これが、滅後の三番目の説法品であり、その功徳である。

滅後の五品　兼行六度品

それから、その次に進んでいくと、

況んや、また人有りて、能くこの経を持ち兼ねて布施・持戒・忍辱・精進・一心・智慧を行ぜんをや。その徳、最勝にして無量無辺ならん

兼ねて菩薩行をするとある。この経を持ちつつ、布施行、持戒行、忍辱行、精進行、一心行、これは禅定行の事であるが、それから智慧行といふ六波羅蜜を行ふ。たんに六波羅蜜だけを行ふのではなく、法華経を持ちながら、それと兼ねて六波羅蜜を行ふ。かういふところまで次には進んでいくと明かされてゐる。

滅後の五品　正行六度品

それから、最後、五番目の正行六度といふ立場は

若し人、この経を読誦し、受持し、他人のために説き、もしくは自らも書き、もしくは人をしても書かしめば、また、能く塔を起て及び僧房を造りて声聞の衆僧を供養し、讃歎し、また百千万億の讃歎の法をもつて、菩薩の功徳を賛嘆し、また他人のために種種の因縁をもつて義に随つて此の法華経を解説し、また能く清浄に戒をたもちて柔和忍辱なる者と共に同じく止《す》み。……忍辱にして瞋りなく……坐禅を貴び、……精進勇猛にして、……利根智慧ありて善く問難に答えん

法華経を受け持つことによつて、六波羅蜜が徹底し純粋に行はれるといふので、正行六度となつてゐる。

在世が「信」、滅後が「喜」

滅後の仏弟子、人間が寿量品を拝読、受持すれば以上の如き功徳を得ることができるのであるが、現在の四信および滅後の五品を通じて出て来るテーマは、①の在世の一念に信ずるといふことと、これに対応する②の滅後の随喜、これを初随喜と言ふわけであるが、信解、それから随喜が現在滅後の衆生の基礎に位置付けられてゐる。

では信解と随喜がどう違ふのか、随喜のはうが簡単で、信じるといふのはある程度の哲学的素養が求められ、それなりの研究心が付随する。

随喜といふのは分かつても分からなくても、素晴らしいといへば随喜になる。それだけ滅後において、法華経を聞いただけで喜び、従ふといふ柔軟な心を持ちさへすれば、寿量品を詳しいところまで分らなくとも、功徳は等しいのだ、かういふことをいはんとするわけである。

したがつて仏教研究の出発は何かといふ問題にもつながつてくるわけであるが、随喜のない所に、そもそも仏道修行は成り立たないといふことを示してゐるのだ。

第十五章　随喜功徳品第十八

五十展転とは

次の十八番目の随喜功徳品には何が説かれてゐるのか、有名な五十展転随喜《ごじゅうてんでんずいき》の功徳がある。

まづ五十展転とはいかなる内容か、

父母、宗親《やから》、善友、知識のために、力に随つて演説せば、この諸の人等は聞き已りて随喜し、また行きて教を伝へ、余の人も聞き已りて、また、随喜して教へを転《つた》へ、かくの如くして第五十に至らん。阿逸多よ、その第五十の善男子、善女人の随喜の功徳を、われ、今、これを説かん

といふ譬へで明かされるところのもので、この五十番目に位置する人の功徳を明かす法門である。

この展転について思ひ出すのは、子供のころよく遊んだ「伝言ゲーム」だ。最初に何か喋る人がゐる、それを何人かに伝へていつて、最初の人の内容と最後の人が聞く内容がどれだけ違つてゐるかを楽しむといふのがあつた。二番目に聴く人はほぼ同じ内容で違つてゐないが、三人、四人、五人となると、原形が崩れだし最後には何だかさつぱり分からない、といふやうな遊びがあつた。それと同じといつたら変だが、最初に仏寿長遠を聞いて、受けた感銘を父母ややから、やからといふのは宗親、家族といふことであるが、あるいは友、あるいは知人等のために、できる限り力にしたがつて演説し伝へてゆく、これを随力演説といふが、己の力にしたがつて演説することで、このもろもろの人等は聞き終はりて、随喜する、最初に聞いた人の随喜と、五十番目に聞いた人の随喜が喜ぶといふ点において、全く変はりがない、といふことである。

いかなる功徳か

最初の人は喜んでゐたが、二番から五十番目の人びとが聞き終はれば憎しみに変はつてゐたといふことではいけない。最初の喜びが持続し変はることなく最後の五十人に随喜、喜びが行き伝はつた、この場合の功徳は大変な功徳であつて

阿逸多よ、その第五十の善男子、善女人の随喜の功徳を、われ、今、これを説かん。

汝よ、まさによく聴くべし。若し四百万億阿僧祇の世界の六趣・四生の衆生あり。卵《らん》生《しょう》の者、胎生《たいしょう》の者、湿生《しっしょう》の者、化生《けしょう》の者、若しくは有形の者、無形の者、有想の者、無想の者、非有想の者、非無想の者、無足なる者、二足なる者、四足なる者、多足なる者、かくのごとき等の衆生の数に在る者に、人ありて、福を求めて、その欲するところにしたがつて、娯楽の具を皆これに給与せん

とある。

四百万億阿僧祇の世界に存在する四生に、娯楽、喜びの具を与へる、大変なことだが、それよりもたんに喜び、五十人の最後までつながつたその喜び、随喜のはうが勝つてゐるのだ、さういふ功徳だとある。

本筋からは少し離れるが、この箇所にある「四生」とは何かといふと、卵生、胎生、湿生、化生の四種のこと。卵生は、卵から生まれてくる。胎生は哺乳類。湿生といふのは、カビ類。それから、化生といふのは仏や菩薩などが仮にこの世に姿を現す、権化、権現などともいふが、さうした四生があるとしてゐる。

さて、功徳に戻るが、何人もの人に布施をし、いろいろなものを与へ、これで満足するのではいけないのだ、それ以上に必要なものは、仏寿長遠に対するたんなる喜び、随喜、これを伝へていけばそれだけでいい、さういふもののはうがずつと功徳は大きい、かういふこと

である。

唯心論と唯物論の融合

仏滅後の衆生に対し、懇切丁寧に随喜の功徳が説かれた。それとともに、玩具や遊び道具を与へる、給与する、仏教的には布施だが、この布施は物、物質に価値を見出して功徳化してゐる。しかし、物よりも喜び、随喜といふ精神的な価値観が優先するのだといふ思想がこの品には看て取れる。もちろん物をもらふことで喜びを感じる向きもあるかもしれないが、物を媒介とした喜びではなく、仏の寿命の長さを聴く、いはゆる唯心的、思想で与へられる喜びを要求してゐるところに注目すべきだ。

何故かといふと、物と心は別々に離れて存在してはゐないといふことで、物たる玩具を与へる唯物的行為は否定されてはゐない。物を与へることも、時によつては必要になるかもしれない、しかし、物だけを中心に考へ、優先順位を先にしてはいけないと理解可能だからである。

ここに物と心が円融に互具してゐなければいけないといふ思想がある。物といへば、国土は物そのものである。国土が無ければ仏も人も存在し得ない、説法も出来ないし、法も聞けない。したがつて仏寿長遠といつても観念論に堕してしまふわけで、仏は国土と共に永遠でなければならないのだ。

国寿長遠といふ言葉は経文には見当たらないが、国土も久成でこの国を本仏に対し本国土と命名してゐるので、仏と国とともに永遠でなければならないとのテーゼは成立するのである。

かうした観点に立つと、日蓮聖人が『立正安国論』に述べられた以下の有名な一文が光を放つ。

それ国は法によって昌へ、法は人によって貴し。国亡び人滅せば、仏を誰か崇むべき、法をば誰か信ずべけんや

ここに端的に示されてゐるやうに、仏教、とくに法華経では国土といふ「物」を重要視するのである。このやうに法と国とが冥合する、物心円融といふ観点も必要になるわけである。

第十六章　法師功徳品第十九

六根清浄

そして、次は法師功徳品第十九である。

法師功徳品といふのは、如何なる内容かといふと、先の分別功徳品、随喜功徳品よりも、もう少し進んだ法師たるものの立場で仏寿長遠を受け止めれば、いかなる功徳があるかといふことを明かすものである。

法師功徳品の法師については、法師品第十のところでみた。そこには自行の法師と、化他の法師があつた。この観点を導入すると、自行の法師、化他の法師にわたつて仏寿長遠を聞き修行に移していく、それを実践していく、さういふところにくると六根清浄が現れてくるといふやうな内容が説かれてゐる。

六根清浄は法華経の専売特許ではない。

富士山や高山への登山のをり「六根清浄　お山は天気」などと調子を整へて登る。人口に膾炙した言葉といつてよい。しかし、この品でいふ六根清浄といふのは、さうした類のものではない。ここでいふのは、六つの根＝眼根、耳根、鼻根、舌根、身根、意根、この六根で、人間の体が出来上がつてゐるとするわけであるが、この六根がそれぞれ相乗して、われわれが今、使つてゐる眼の働きや、耳の働き、鼻の働き、等々の働き以上の働きを発揮することができる、さういふ立場のことを示してゐて、ここに至る功徳があるのだ、といふことに他ならない。

俗に法華経信仰が深まつていけば、六根の働きが鮮明になり、われわれ凡夫の持つてゐる以上の力が出てくる、かういふことを耳にする。法華経の修行を深めていけば千里眼といつて、千里向かうのものが見えるとか、あるいは、今われわれが聞いてゐる声以外の声も聞こえる力が獲得できる、このやうによくいはれることがある。しかし、たんに六根における超越的な力だけに限定し法華経の修行を捉へてしまふと、この品の趣旨から外れる。

さうではなく本筋の意味は、あくまでも寿量品を聞き信じ喜び、その理解を深めていけば、さういふ力が出てくるといふところにある。

皆順正法

ついで六根清浄の意義を認めるべきは、意根清浄の中に、以下のごとき経文があることである。

若し、俗間の経書、治世の語言、資生の業等を説かば、皆、正法にしたがはん

といふ言葉が出てゐる。

これは、法華経の正系思想家は押しなべて重要視するところであり、法華経の本門の教へに、一念信解、初随喜を捧げれば、俗間の経書＝世俗的な人倫や道徳を説く書き物のこと、あるいは、治世の語言＝政治向きの演説や政策集、選挙のをりのマニフェストといつてもよい、資生の業＝俗にいふ生活、たつき・生業、これらの行為につき、特に深く考察せずに書き説き、実践してもおのづから法華経の教へ、正法に適ひ、真理に順ずる内容になる、かういふ経文である。

しかし、逆もまた真なりで、法華経の本門の教へに随はないで、俗間の経書や治世の語言、資生の業を読み書き説いたりすると、とんでもないことになる、かうした反対の意味も強調されてよいところと思はれる。

この点に関し、少し脱線気味に書き進めるが、われらが日本国体学を奉じ日本国家の在りやうを体系化する時に、日本の国家の元来在るべき姿を、ああだ、かうだといろいろと説いたり、日本の国家があるべき事業はかうだといふやうなことを述べていくわけだが、法華経の本門の思想に立脚して、述べ書き進めていけば、日本の持つてゐる本質が、正法に順じて開顕することができる、正法に順ずるといふことは、国家の本質を開顕するといふことで、

顕といふのは、あらはすといふことだ、国家の本質を、法華経的に理解することが可能なのだといふことにつながる。

この俗間経書、治世語言、資生業が、正法に順ずるといふ教へがあるから、各方面の問題に対して、勇気を持つて取り組んでいくことも可能になる、その辺りが国体の正法化における宗教哲学的な裏付けになる言葉として、これを解釈認識していいのではないかといふ気がする。

第十七章　常不軽菩薩品第二十

繰り返される本生譚

先の三功徳品の中に明かされた功徳は素晴らしいものであつた。

ただ、功徳があるといつても絵に描いた餅に終はるかもしれない、衆生を救つていく時に活かさなければいけない、この活かす術、活かし方、これを仏教では修行法ともいふのだが、このことが次の二十番の常不軽菩薩品に明かされる。

先の三品の内容を受け、その中でも最後の品の法師たる者の功徳を無視するかのやうな、法師功徳品とは真逆といつてもいい驚きの修行法が、昔の物語＝本生譚としてこの品で説き出だされるのである。

ここに常不軽菩薩といふ名前が出てくる。

これまで初見の菩薩の名前である関係で、法華経迹門および本門に出てきた八十万億那由他の菩薩や地涌の菩薩とのつながりはどうなのかとか、あるいは迹化や他方の菩薩とどう違ふのか、あるいは、いかなる立場の菩薩なのかといふ疑問は、当然出てこよう。

しかし、この品は常不軽菩薩物語ともいふべき過去の物語、これを本生譚《ほんじょうたん》といふのであるが、本門の寿量品で説かれた仏寿長遠を、いかに未来の世に伝へていくか、伝へ方（修行法）を常不軽菩薩といふ架空の菩薩身を用ゐて説いたといふことになるのである。

架空の存在であるから、常不軽菩薩が歴史上にゐたかゐないか、これについては拘らずともよい。それよりも、不軽菩薩が採用した行動を見習ひ実践することで、先に説かれた三品の功徳が事実上の社会の中に実現される、そのために設へられた舞台セットとすべきが本筋である。

行菩薩道当得作仏

さて、それでは以下にその法門の内容を眺めていかう。

まづは総論である。

この常不軽菩薩とは、いかなることを為したかといふと、

> われ深く汝等を敬ふ、敢て軽しめ侮《あなど》らず。所以《ゆえ》はいかん。汝等皆、菩薩の道を行じて、当に仏となることを得べければなり

とあり、見る人びとを深く敬うた。なぜなら皆菩薩の道を行ずれば皆作仏することが出来る

からだ。その信念のもと、道々を歩きながら宣告して回つた。

ここで気を付けなければならないのは、「仏となることを得る」についてだ。仏を得る道筋は「行菩薩道」であるのはその通りである。しかし、この道は従来六波羅蜜の長時に渉る菩薩行とされて来てゐる。しかし、不軽菩薩が実践する、実践しつつある道は、必ずしも従来の菩薩道のイメージではない。となれば、常不軽菩薩の行ひと、六波羅蜜とは同等であるはずだ。これが論理の帰結だ。

だが、常不軽菩薩の行ひは、従来仏教の常識とされてきた六波羅蜜行（布施・持戒・忍辱・精進・禅定・智慧）を長期間に渉り修行した結果もたらされる智慧を追究するものではない。この点、如何に考へればよいのか、大きな問題といへる。

解決のヒントは、分別功徳品や随喜功徳品での一念信解・初随喜といつた易行による達意的な菩薩道である必要があるといふ点である。この易行こそ、不軽菩薩が行ふ菩薩行なのだとせねばならないのである。

但行礼拝

それあらぬか、次には「但行礼拝不専読誦経典」とある。

但《たん》に礼拝を行じ、専《もっぱ》ら経典を読誦せず、と拝読するが、これは、常不軽は菩薩であるから経典は盛んに読むかと思ひきや、経典の読誦はしない、読誦しないのであるから、研鑽勉学による把握よりも達意的な真理把握をする。今風にいへば机に向かふガリ勉より社会勉学を優先させるタイプといつてもいいかもしれない。

さて、さうして勉学しないで何をやつたかといふと、たんに人を拝んでゐた、礼拝をした、また、遠くに四衆（大衆）をみて同じやうな言葉を作り礼拝し続けてゐたのだ。かういふことであるから、仏教を通じての菩薩の一般像からすると、型破りの菩薩なのである。仏教に出てくる菩薩は行学の両道を弁へ菩薩行を実践する、これが一般的なスタイルだが、さうした菩薩像とかけ離れた、型破りの菩薩像が説かれてゐるのである。法華経における修行法は、かうして一般仏教の常識を打ち破る方向を示してゐるのだ。

悪口罵詈

但に人を拝んだ、礼拝したわけだが、その相手たるや

四衆の中に、瞋恚を生《おこ》し心浄からざる者ありて、悪口し罵詈《めり》し

とある。

常不軽菩薩の但行礼拝に対し、忌々しい気持ちを懐き迫害を加へた人びとがゐたのであるが、忌々しく感じる原因は、菩薩のいふところの皆成仏道といふ言葉や教へをあざ笑ふこと

にある。すなはち、自分は成仏などできない、菩薩道の実践など興味がない、いやそのやうなことに関心すらないといふ人びとなのであらう。したがつて劣悪な機根の衆生なのだ。現今の日本社会ではよく見られる衆生の動向ではないか。

しかも、これらの迫害に屈せず、不軽菩薩は迫害が身に及んだ場合、遠く走り去り、またしつこく礼拝し、作仏するぞと繰り返し叫ぶ、とにかく不軽菩薩の実践は徹底してゐるのである。

二十四字と五字の不思議の関係

さうした型破りの常不軽菩薩の過去の行為がいつ行はれてゐたのかとみてみると、六或示現でふれた釈尊が説いた過去の他身の威音王仏《いおんのうぶつ》の滅後、像法の中において、増上慢の比丘に向かつて、かういふ行為におよんだとなつてゐる。先にもこの経文を出したが再度出しておくと

われ深く汝等を敬ふ。敢て軽《かろ》しめ、侮《あなど》らず。所以《ゆえ》はいかん。汝等《なんだち》皆、菩薩の道を行じて、当に仏となることを得べければなり

とあり、この箇所を漢文で表記すると「我深敬汝等不敢軽慢所以者何汝等皆行菩薩道当得作

仏」の二十四字になる。
この二十四字につき、日蓮聖人は
かの二十四字と、この五字（妙法蓮華経）と、その語殊《ごこと》なりといへども、その意《こころ》これ同じ。彼の像法の末とこの末法の初めと全く同じ。彼の不軽菩薩は初随喜の人、日蓮は名字《みょうじ》の凡夫なり（顕仏未来記）

と解釈してゐる。
これは二十四字と妙法蓮華経の五字は、言語は異なつてゐるけれども、意は同じだ、かういふ意味である。

であるから「我、汝等を敬ふ、敢て軽慢せず」といつて、相手を拝む。述べる言葉は、それだけだ。この述べるところに相手の心中にある仏性を敬ひ、相手を礼拝し、成仏することができるといふことを示す、説く。それは妙法蓮華経の五字と意は全く変はらないとの解釈である。

時代解釈

とともに、不軽菩薩は威音王仏の像法時代の末に出てゐるが、この時代認識は日蓮聖人と同じである。末法時代であると規定すれば、彼の菩薩は初随喜、日蓮は名字即（煩悩具足の凡夫）といつて法華経修行の位で最低とされる位にゐる、ともに位取りは等しいのだ、かういふ解釈をしてゐる。

威音王仏滅度の後、像法の中の末《まつ》において、と経文には出てゐるが、この像法の末といふのと、今、日蓮が出てきてゐる日本の鎌倉時代、この時代が末法の初めとすれば両者は全く時代認識では同じ時代状況なのだといふ解釈である。末法時代といふ認識が日蓮聖人においては非常に強く、末法時代は仏寿長遠を理論的に詳しく説かなくても、相手の仏性をたんに拝むといふ行為を示せば、そこに仏の種を植ゑることができる、このやうな解釈だ。

したがつて、常不軽菩薩品に説かれたことは、自身の出現を予言したかのごとき観を聖人は抱かれたといふことになる。このやうな常不軽菩薩が末法時代に出現するといふ理解を持つた宗教家は、インド・シナ・朝鮮・日本と仏教史上つぶさに観察してみて日蓮聖人ひとりといふ事実を追認しなければならなくなるのだ。

付嘱思想の徹底解明

ここらあたりでこれまでの復習をしておかう。

地涌の菩薩が大地より涌出《ゆじゅつ》してきたことにより、これら地涌の菩薩を教化した仏は、久遠の成道でなければ説明がつかない、仏の寿命が遥か彼方から続いてゐるとしなければ説明がつかない、そこで、仏教経典に未曾有な無始無終の本仏であるといふことが寿量品に説き明かされた。

仏寿長遠を受け止める功徳は、分別功徳品、随喜功徳品、法師功徳品に明かされたそれぞれの功徳であることも分かつた、その功徳を得るための実践法も、常不軽菩薩品において但行礼拝といふ方法を用ゐることが明かされた。

では、それにつづく法華経の展開はどうなるのかといふことが、次に出てくるテーマ、「付嘱《ふぞく》」だ。

滅後の衆生と密接に関連する重大なテーマがここに現れることとなる。

その付嘱についてであるが、法華経の第二十二には嘱累品があり、嘱の字が使はれてゐる。嘱は委嘱・委嘱状などと使用するごとく、物事を他人に託する意味がある。付属と書く場合も目にするが、属は、所属・係属・属性などと使ふやうに物事が何かに所有されてゐる、あるいは物事の存在状態を指す意味があり、したがつて、法華経の「ふぞく」は、付嘱を使用してゐて、意味するところは仏から弟子への委嘱、法華経を有縁の者に与へる、授与するといふこととといつてよい。

これまでの法華経の展開を振り返ると、宝塔品では「付嘱有在」とあつて、そののち各所で付嘱が出てきた。仏が弟子たちに法華経を授与するといふ奨めがあつたわけだが、その都度、なぜか引き延ばしになり、授与されずにきた。

従地涌出品では「止みね善男子」とあるやうに、迹化・他方の菩薩や阿羅漢その他の仏弟子が願ひ出ても許されず、おまへたちは広める立場にはない、おのづから、この娑婆世界には、地の下に待機してゐる菩薩がゐる、といつて地涌の菩薩が出てきた。そしてこの菩薩に直ちに付嘱をされると思ひきや、さうならない。

地涌の菩薩があまりにも素晴らしい姿だつたものだから、このやうな仏弟子を、いつ釈尊は作られたのですかといふ弥勒菩薩の疑問がまづ出てきて、いや、それはかうなのだといふわけで久遠実成が説かれる。久遠実成・久成による仏寿長遠を聞くことによつて、たんに信ずる、たんに喜ぶだけで功徳がある、この法華経を将来、どのやうに広めていけばいいかといふ方法論が不軽菩薩に託して明らかにされ、やうやく法華経が付嘱されるといふことになる。大変長い時間がかかつたのである。

なにゆゑ、そのやうな長い時間をかけた展開が必要であつたか、この点を思想的に考察すると、横の空間は全宇宙的に、縦の時間は過去・現在・未来の三世《さんぜ》を俯瞰《ふかん》し、全人類の抱へる問題の解決、救済を視野に入れ、さうした規模の舞台の設置が必要であつた、とならうか。

この付嘱をするといふことについて、二十一番目の神力品が次に説かれる。

第十八章　如来神力品第二十一

地涌菩薩の付嘱発願

この神力品では地涌菩薩の付嘱発願《ほつがん》が最初に出てくる。

その時（常不軽菩薩品を説き終はった時）、千世界の微塵に等しき菩薩、摩訶薩の地より涌出せる者は、皆仏の御前において一心に合掌し、尊顔《そんがん》を仰ぎみて、仏に申していはく、世尊よ。われらは仏の滅後において、世尊と分身の在《ま》すところの国土の滅後の処にて、まさに広くこの経を説くべし。所以はいかん。われ等もまた、自づからこの真浄の大法を得て、受持し、読誦し、解説し書写して、これを供養せんと欲すればなり

かういふ願を地涌の菩薩が発《おこ》すのである。

無量無辺の六万恒河沙の眷属を率いて、地から涌出してきた菩薩がたが、四人の代表を押し立てて、「常不軽品の弘経の在り方をお聞きした、そろそろ潮時ですね」といふので、地

涌の菩薩が付嘱を受けたいとの願を起したわけだ。

塔中付嘱

《称歎》

地涌の菩薩が願を発したその時に、釈尊が応へ、いよいよ付嘱の儀式になつていく。

その儀式の最初が「称歎付嘱《しょうたんふぞく》」である。

称歎付嘱といふのは何かといふと、これから付嘱をするけれども、この法華経は、かくかくしかじか、素晴らしい内容を持つてゐるといふので、十種類の神力を表し、ほめたたへて付嘱することである。

では、十神力といふのはいかなるものか、

①出広長舌《すいこうちょうぜつ》
②毛孔放光《もうくほうこう》
③一時謦欬《いちじきょうがい》
④倶共弾指《くぐだんじ》
⑤六種震動《ろくしゅしんどう》
⑥普見大会《ふげんだいえ》
⑦空中唱声《くうちゅうしょうしょう》

⑧咸皆帰命《げんかいきみょう》
⑨遙散諸物《ようさんしょもつ》
⑩通一仏土《つういちぶつど》

この十種類の神力による情況を示して、地涌の菩薩に法華経を褒めたたへて、法華経を付嘱するのだ。

ちなみにその十種をみてみよう。

①出広長舌は、仏の舌が梵天に至るすがた。ちよつとグロテスクである。天に舌がするする伸びていつた。それは釈尊だけではなく、居並ぶ諸仏もすべて舌を伸ばしていつた。かういふ神力で示した仮想の世界であるから、実際にあつたかどうかは、詮索する必要はない。

②毛孔放光は、仏の毛穴から光が放たれて、それが周りの世界に全部行き届いていつた。

③一時謦欬は、「えへん」と咳払ひすることだ。一人がやつたら何でもない、みんなが「えへん」とやる。さぞかし騒がしからう。

④倶共弾指は、指を鳴らすこと。これは、褒めたたへる意味がある。一人ではない、全部がやる。

⑤さういふやうな行為の後に、大地が六種に振動する。六種震動だ。六種類の震動は、どういふものかといふと、動、起、湧、震、吼、撃。仏教では地震は悪いことではない。もちろん地震は被害を及ぼすが、めでたい時に、地が震ふといふやうなことは、仏教の中では瑞

相である。ただ地震で苦労してきた、今もしてゐる日本ではおそらく地震をめでたいとは考へなかつたので、これはインド的かもしれない。

⑥普見大会は、他方の諸仏が空中において説法してゐるすがたを、みんな見ることができた。あまねく見ることができた。

⑦空中唱声は、空中から声が聞こえて、それをみんなが聞くことができた。

⑧咸皆帰命は、みんながその声を聞いて、普見大会の状況を見て、そこに帰依をすることができた。さういふすがたを見ることができた。

⑨それから遙散諸物。これは十方から物が飛んできて、供養する。さういふことが神力で示された。

⑩最後に全ての国土が一つの仏の国土になる、通一仏土である。

以上の十神力につき、シナの天台大師は教行人理の「四一」といふ教義上重要な解釈を施してゐるが、ここでは現代の思想から眺める関係で詳しくはふれないでおく。ただ、最後の通一仏土についてしつかりと理解しておかなければ、法華経の存在位置が通俗化、平板化してしまふので、以下に少しふれてみる。

まづ、日本の国体から眺めてみたいが、わが国には「八紘を掩《お》ふて宇《いえ》と為す、六合《りくごう》を兼ねて都と為す」といふ建国の理想がある。神武天皇が橿原の地で日本を建国するについて、大きく理想を掲げた。慶びを積み、暉やきを重ね、正しきを養ふ三綱を実践し、その結果もたらされるもの、それが日本の目指す世界だとされてゐる。

この理想が、実践化されたものが道だが、天照大神から神武天皇に至る神王および人王が弛《たゆ》まなく培かつて来た王道である。この王道を臣も民も一緒になつて歩む、君臣・君民一体、日本国体の精華といはれるものである。

この国体の精華は法華経の教へと非常によく似てゐる。なぜなら、国体の精華は建国の理想の達成にあるわけだが、達成されたすがたを、法華経に説く十神力の最後の通一仏土のすがたに重ねてみることが可能であるからだ。

かうした思想が日本国体学には明かされてゐる。

したがつて、最後に示された神力のうちの通一仏土《つういちぶつど》は、まさに日本建国の理想と共鳴し、あたかも法華経の目指す世界を、実地の上に日本国として建設してゐる、そのやうな国が存在してゐる、不思議な冥合をしてゐる、ここに国と法との冥合《みょうごう》を見出したのが日蓮聖人であつた。立正安国思想を現代的に解釈すれば、このやうな方向にならざるをえないのである。

さうしないと、法華経と他の仏典との異同が分からないのみか、歴史上わが国に出現した日蓮聖人の特異性も把握できない恐れが現出するのだ。

日本国の建国の理想を、仏教として担保するのが法華経の通一仏土思想で、かくして法華経と日本国体とが同じ方向を示してゐる、すなはち法と国とが冥合してゐるといふ思想が成立してゐるのである。

《結要》

十種の神力を示した後、ついで結要付嘱《けっちょうふぞく》がある。言葉にしての付嘱だ。

その言葉が、

要を以てこれを言はば、如来の一切の所有の法と、如来の一切の自在の神力と、如来の一切の秘要の蔵《ぞう》と、如来の一切の甚深《じんじん》の事《じ》とは、皆この経において宣示顕説《せんじけんぜつ》せり

で、要を以て五つに結んだので、これを結要《けっちょう》といふ。

この五つの要点は、如来の一切の所有の法、これは名。一切の秘要の蔵、これは体。如来の一切の甚深の事、これは宗《しゅう》。切の自在の神力、これは用《ゆう》。宣示顕説《せんじけんぜつ》したといふのは教。如来の名と体と宗と用と教、この五つに要約結実させて、法華経を地涌の菩薩に付嘱するといふ儀式である。

先の寿量品で、一体三宝のところでふれた本法、久遠実成の本仏が覚つた法、その法が付嘱される。ただ、神力品での付嘱は仏滅後、特に末法にいかに必要かといふことで、本法が名・体・宗・用・教の五方面にわたり要法化されたといふことになる。要法の要は、結要からきてゐると解してよい。

要法化といふこと

この点を掘り下げ再言しておかう。

要法化《ようぼうか》されたといふことは、乗法化《じょうほうか》されたことと同じで、非活動の真理たる法（本法）が、あたかも乗り物に乗れば目的地に到達するやうに、活動し出したこと、したがつて、要法は乗法の意味と同じだ。

法華経を仏の滅後に地涌の菩薩が弘めるにつき、名、体、宗、用、教として法華経の全体・内容をコンパクトに縮め、それを弘めればよい、さういふものを付嘱しようとしたわけだ。

要法化は釈尊の親心なのである。この親心といふ点をよく考へてみなければいけない。

法華経を付嘱するといつても、されるはうは法華経の何を頂戴していいのか戸惑ふ。法華経は全部で二十八品ある。この時点ではまだのちの七品は出てきてゐない。未だ出てきてゐないものを頂戴するといふのは道理に適はない。であれば、今までに説いてきたどの品、あるいは、いかなる教へを頂いていいのでせうかといふことが大問題になる。付嘱される側に視座を据ゑてみることも付嘱を考へる場合、かなり必要なことと思はれる。

そこで、卑近な譬へを提出してみよう。法華経の迹門では財産譲与のことが盛んに出てゐたので、許される譬へであらう。

親の遺産を相続する場合どうするか、その人のセンスにも人生観にも関はつてくることで何ともいへないが、おそらく一番価値のあるものを欲する筈である。これと同じで、仏の財産を相続するにつき、一番価値のあるものは何か、これを名・体・宗・用・教の五つにまとめた仏の覚り、しかも単なる覚りではなく、要法化・乗法化した仏の覚りのエッセンスを相続することになつた、このやうに解すれば分かりいいかもしれない。

付嘱思想について

以上のやうに、仏の財産を法華経の要法とすれば、その財産を与へるについての作業、手続きを踏む、これが神力品における一連の付嘱儀式である。結要付嘱とは、受けるといつても何を受ければいいのか、戸惑はせてはいけない、さういふ配慮があつて、結要付嘱がなされてゐるのである。

このやうな付嘱の儀式がなにゆゑ存在するのか、このことにつき、法華経を読む者は確と心しなければいけない。付嘱を受けてゐるか、ゐないか、この点を理解し把握しておかないと大間違ひを犯してしまふからだ。

付嘱といふ理解や認識がないところに、先に紹介した原発事故のをりのごとき地涌の菩薩出現を、たんに人のために献身するのが地涌の菩薩なのだとするやうな解釈だけで法華経を捉へてしまふ危険性が認められる。足元がすくはれてしまふのである。足元がすくはれるといつた言葉は誤解を招きかねないが、この付嘱思想を踏まへないと我流の法華経観に堕してしまひ、法華経読みの法華経知らず、真理と隔絶した迷理に落ち込んでしまふ。

現今の新興宗教者流の法華経観といふのは、付嘱といつた重要な視点・理解・観解が希少であるか、あるいは皆無といつてよい。法華経の心とされる付嘱思想とつながつた法華経を読まなければいけない、自分の学問だけで法華経を理解していつたのではダメなのだといふのが、法華経の付嘱思想の肝心なところといつてよい。

この点、十二分に気を付けるべきと声を大にして強調しておかう。

即ち是れ道場なり

如来神力品の長行《じょうごう》の最後には神力をもつて示した法華経の力、結要していへば乗法化された妙法蓮華経、かうした法華経のエッセンスを滅後に弘めなさいといふことを奨めてゐる。勧める、勧奨するのである。経文には

如来の滅後において、応《まさ》に一心に受持し読誦し解説し書写して、説の如く修行すべし。……当に知るべし、この処はすなはちこれ道場にして、諸仏はここにおいて阿耨多羅三《あのくたらさん》藐三菩提《みょくさんぼだい》を得、諸仏はここにおいて法輪を転じ、諸仏はここにおいて、般涅槃《はつねはん》すればなり

と有名な「即是道場《そくぜどうじょう》」観が明かされる。

この後は、先の寿量品のところで書いたごとく、長行が終了し、偈が説き出される。その点について少し考へてみたいと思ふ。

この人世間に行じる

さて、その偈《げ》の中に、心して拝読しなければいけない重要な経文がある。以下の経文を参照する。

如来の滅後において、仏の所説の経の因縁と次第とを知りて、義に随つて実の如く説かば、日月の光明の能く諸の幽明《ゆうみょう》を除くが如く、この人世間に行じて能く衆生の闇を滅し、無量の菩薩をして畢竟《ひゅきょう》して一乗に住せしめん

といふ箇所がある。

この箇所は、地涌の菩薩が付嘱を受ける、称歎、結要、勧奨といふ付嘱の内容とすべきで、総じていへば、宝塔の中に地涌の菩薩が入り、釈迦牟尼仏のみまへにおいて、地涌の菩薩が付嘱をうけたといふので、儀式的な姿の立場からいふと塔中での付嘱になる。さうした付嘱を受けた地涌の菩薩の未来出現を予言したところに他ならないのである。

未来予言であるから、如来の滅後といふ時間的経過をまづ示し、説法といふ行為・原因を示し、それに連動したともすべき「斯の人」の活動を予言したと受け止められるのである。

したがつて、ここには、地涌の菩薩のことを「斯の人」と書いてあるわけで、後世に「斯の人」が出現しなければ、この経文は虚偽の内容となりかねない。虚偽か事実か、いづれか、それは歴史的展開、歴史事実にかかはることで、「斯の人」に該当する人物がゐるか、ゐないか、この点を確と見定めなければならなくなるのである。

さうしてみると、不思議なことに「斯の人」といふ自覚を懐いた日蓮聖人が、十三世紀のわが国に出現してゐることが、俄然注目をひく。聖人によれば、地涌の菩薩の上首たる上行菩薩が、末法時代にこの国土・日本に垂迹応生《すいしゃくおうじょう》したとなるわけで、歴史上、神力品の経文が事実として刻印されたことになる。鎌倉時代に日蓮聖人が宗教活動を展開したことで、この経文の命題に対する回答が提出されたとすべきだ。経文の無虚妄《むこもう》さが証明されたのだ。

以上のやうな有名、かつ重要な経文であるので、心して味はひたいものである。

第十九章　嘱累品第二十二

塔外付嘱

その次には、嘱累品第二十二がある。この品において、地涌の菩薩以外の菩薩や聴衆に法華経が付嘱される。仏の慈悲心の催すところである。法華経の前半からしきりに付嘱を求めてきた者への心遣ひ、約束履行ともいへる。すべての仏弟子に対し手厚い保護のもと、法華経はそれぞれに付嘱されてゐるのだ。

さて、この嘱累品において釈尊が宝塔の中より立ちあがり、塔の外に出る。先の神力品では多宝如来と釈迦牟尼仏の二仏が並坐してゐる塔の中において地涌の菩薩に付嘱されたが、塔から出て居並ぶ迹化・他方の諸菩薩、一切の聴衆に付嘱をする、さういふ儀式になる。塔《とう》外付嘱《げふぞく》である。

居並ぶ地涌の菩薩以外の菩薩の頂を撫でて、

「おまへたちにも法華経を付嘱するけれども、その付嘱する法華経をもつて荒々しい末法の時代に弘めるといふことはしなくともよい、むしろ穏やかな時代に出ていつて法華経を弘めなさい、難しい局面は地涌の菩薩がやるから、それ以外の時代、社会において、これを弘めなさい」

と付嘱の儀式が展開してゐる。

法華経は素晴らしいと布教しても、衆生が受け付けない時は、法華経とは別の小乗仏教や、大乗仏教の阿弥陀経、般若経などの経・教、すなはち余《よ》の深い法の中において、「示し、教へ利《さと》し、喜ばすべし」、妥協していいよとの託宣が垂れられてゐる。

布教するうへで難しい問題が起れば、仏がこれまで説いてきた法の中にはいろいろな抽き出しがあるから、それから自由に取り出して教化しなさい、その教化を受けて衆生が救はれる時代は何か、よく考へなさいといふことだ。

末法時代は地涌の菩薩が専門にやるので、それ以外の時に弘めよ、といふのが、嘱累品の立場である。

したがつて嘱累品は総付嘱、神力品は別付嘱、かういふ分け方をする。

総付嘱されたもろもろの菩薩は、釈尊に対して礼をなし、決意を述べる。

世尊の勅《みことのり》のごとく、当に具《つぶさ》に奉行すべし。唯然《ゆいねん》世尊、願はくは慮《うらおもひ》したもうことをあらざれ

仏の仰せのとほり、

「われわれは法華経を未来の穏やかな社会国土に弘めることを誓ひます」

とあり、これで神力・嘱累の付嘱の儀式が終はつたことになるのである。

その儀式が終はり、宝塔は如何になつたかといふと

諸の分身の仏をして、各々本土に還らしめたまはんとして、この言葉をなしたまへり。諸仏は、おのおの安ろぐところにしたがひたまへ。多宝仏の塔は、還《かえ》りて故《もと》の如くしたもうべし

「多宝仏塔還可如故《たほうぶっとうげんかにょこう》」と、塔が閉まり、十方から来た諸仏は本土に帰り、そして、釈迦牟尼仏一人と、地上にゐる仏弟子との間の説法がこれから始まる、すなはち虚空会《こくうえ》が終はるのである。

余談ながら少し敷衍しておきたいが、嘱累品が終了したのち宝塔は如何になつたか、それは依然として空中、虚空に存在してゐるのだ。十方の諸仏や菩薩がたがゐなくなつた後も宝塔はそのままであることに注意しておきたい。嘱累品以降の六品において、この塔が存在してゐることについていかなる教義的、思想的意味（歴史的事実ではない）があるのかを考へる必要があらう。

嘱累の終了で法華経は終はらない

余談ついでながら、専門的なことなので別に知つておかなければいけないといふことではないが、嘱累品が二十二番目にあることについてごく簡単にふれておく。

異訳の正法華経、添品法華経には最後、経末に嘱累品はある。大体、一般の経典の付嘱の儀式は全部説き終はつた一番最後にあるのが普通だ。この経を誰それに付嘱するといふので終はつてゐる。しかし、妙法蓮華経だけは付嘱の以降も説法が続くのである。会座が変はり、虚空から地上に戻つて説法がなされる、かういふことになつてゐる。

この嘱累品が経末に位置しないのはをかしいといふ議論もある。しかし、この議論はごく専門的な経典成立史の範疇のことであり、一般の読者は気にせず妙法蓮華経を素直に読むことをお奨めする。

六品の位置について

後霊山会《ごりょうぜんえ》といはれる薬王菩薩本事品から普賢菩薩勧発品までの六品の会座において、いかなる内容が説かれたかといふことにつき、これからみていくうへでの予備知識として、前もつて簡単にふれておく。

嘱累が終了した後、薬王菩薩本事品から普賢菩薩勧発品、二十三番から二十八番までの六品が何故に存在してゐるのか。この点は思想的に考究するとともに、妙法華経の成立史からみても研究に値する大きなテーマである。

法華経は、原始経典が存在してゐる。その原典に後世の歴史的展開をへて、今の二十八品が成立してゐるのだと考へられてゐる。その中でこの六品が嘱累品以降にあるといふことは、後世に付け加へられたとする一つの研究テーマになる。

しかし、六品の存在に対して後世の付加といふより、もともとさういふ思想があつて、それが発展的に法華経の中に組み込まれたのだといふ議論が存在してゐる。

その説をなした学者にすでに故人となつた本田義英博士がゐる。博士は法華経研究者の大家で、『法華経論』（弘文堂書房刊）などの著書において六品を「後分の法華経」といふ言葉を使つて説明してゐる。これは、後世の誰かが付け加へたといふ意味なのであるが、恣意的に自分の言ひたいことを組み込ませた、無理やり押し込んだ捏造《ねつぞう》ではない、その原始法華経を補ふ意味で、もともとあつた六品の思想が、ここに組み込まれてゐる、このやうな解釈である。

したがつて、この六品の存在は法華経とかけ離れたものではもちろんなく、序品から嘱累品までの思想を受け継いでゐるとするのが至当な見方であらう。

第二十章　薬王菩薩本事品第二十三

宿王華菩薩の質問

まづ、薬王菩薩本事品第二十三である。

この薬王菩薩本事品がいかなる内容かといふことであるが、薬王菩薩がどのやうな働きを過去してきたか、また今してゐるのか、未来するのかといふ観点から始まる。

まづ宿王華菩薩《しゅくおうけぼさつ》が

そのとき、宿王華菩薩は仏に申していはく、世尊、薬王菩薩はいかにして娑婆世界に遊ぶや。世尊よ、この薬王菩薩には、若干の百千万億那由他の難行苦行あらん

といふ質問をし、薬王菩薩がなぜこの娑婆世界にゐるのか、または娑婆世界にゐて釈迦牟尼仏の化導を助けしてゐるのか、といふ問ひかけをする。

この中に「娑婆世界に遊ぶや」といふ言葉がある。

かつて日本の青年が、ヨーロッパやアメリカに文物吸収のための留学をする、それを留学といはないで遊学といつた時代があつた。今は遊学とはあまりいはない。なぜなら遊学といふと遊興に耽つてゐるイメージがあるから、使はなくなつてゐるのだらうが、法華経にある遊学とは、娑婆世界に遊びにきてゐるのではもちろんなく、かつて日本の青年に使つた遊学と同じ感覚である。

それに対して釈迦牟尼仏は、本生譚を説く。これは前から出てきてゐるやうに過去の物語に託した回答である。

その回答は、日本的な表現をすれば

「むかしむかしあるところに……」

といふセリフになるのであらうが、かつて日月浄明徳仏《にちがつじょうみょうとくぶつ》といふ仏がゐた、その仏の弟子に一切衆生憙見菩薩《いっさいしゅじょうきけんぼさつ》といふ菩薩がゐた。師と弟子の関係、この師弟関係を明かして、一切衆生憙見菩薩が、じつは薬王菩薩の過去の姿なのだ、さういふ本生譚を展開して、薬王菩薩のことを説明してゐるのだ。

自らの身を燃やし世界を照らす

その一切衆生憙見菩薩がいかなる行動をしたかといふと

日月浄明徳仏の前において、天の宝衣《ほうえ》をもつて自ら身にまとひ、諸の香油を注ぎ、神通力の願を以つて自ら身を燃やし、光明は遍く八十億恒河沙の世界を照らせり

と、かういふ修行をした。一切衆生憙見菩薩は、自らの身を焼き、あまねく世界を照らしたのだ。

この行動に対し、もろもろの仏は、非常に尊いことだと褒めた。その褒めた言葉の中に有名な言葉がある。

真の精進なり、これを真の法をもつて如来を供養すと名《なず》く

有名な言葉だ。

この真の精進、真の法をもつて如来を供養する、それが自らの身を燃やし、そして光明あまねく照らすことにつながる。

これを思想的にみると、自らの身をも顧みず犠牲にし、周りの悩める人びとを救ふ、他人の化導のため、痛みをものともせず行動したといふことだ。

さうした行為に対し、実際できるのかどうかはあまり詮索しないはうがいいので、象徴的な出来事が説かれたとしておくべきだらう。

自らの身を焼いて、長い期間、周りの人びとを照らし、結果として救済していくのだ、といふやうな修行は苦行だ。一切衆生憙見菩薩が長期にわたつてこの苦行をし、そして衆生を救済する、主眼は衆生救済のはうにあるわけで、衆生を救済するためには、一切衆生憙見菩薩がやつたやうな修行で救済を実現すべきだ、と本生譚、過去の物語をかりて説明したのである。

一切衆生喜見菩薩は薬王菩薩

その一切衆生憙見菩薩は、今、誰あらう、薬王菩薩そのものだ、薬王菩薩は昔、一切衆生憙見菩薩といふ名前で苦行し自らの身を焼き衆生を救済した、さういふのが薬王菩薩なのだ、みなが目の前でみてゐる薬王菩薩は過去において、さういふことをやつたのだと明かした。かかる内容ゆゑ、薬王菩薩本事品は、六品の後分の法華経において苦行乗々《くぎょうじょうじょう》を説いた品といはれてゐる。

そこで、この苦行乗々について少しふれておかう。

乗々の乗は妙乗といふことである。これは何かといふと、法華経のことである。法華経に乗じて衆生を救済する行動に出る、さういふ苦行乗々を明かしたのが薬王菩薩本事品である。薬王菩薩本事品の主眼とするところは、嘱累を受けた薬王菩薩が未来において、いかなる行動をしていくかといふと、このやうな行動が一つある、かういふことである。

さうした供養を行つて衆生救済をしたといふ箇所の前には

もしまた人ありて、七宝を以つて三千大千世界に満たして仏および大菩薩、辟支仏、阿羅漢に供養せば、この人の得るところの功徳は、この法華経の乃至一四句偈を受持、する、その福の最も大きにはしかざらん

とある。

妙乗としての法華経を持つことは、短い四句の経文を持つことと同等である、その四句偈を説いた法華経を持つことは、七宝をもつて三千大千世界に満たして、仏、および大菩薩、辟支仏、阿羅漢に供養する功徳よりも、法華経を受け持つ功徳のはうが大きいのだ、さういふことを薬王菩薩はやつたのだとある。そして次に十喩《じゅうゆ》称揚《しょうよう》が説かれる。

一切の川流江河《せんるごうが》の諸水の中にて、海はこれ第一なるがごとく、この法華経もまたかくのごとく、もろもろの如来の諸説の経の中において、もつともこれはなはだ優れたり

とあり、一切の川流江河の諸水、川や湖など海以外の諸水があるが、その諸水の中で海が一番広くて、水の量も多い、この海のごときが法華経で、それ以外のものが余経、法華経以外

の経なのだといふ対比をする。

つぎは、

土山、黒山、小鉄圍山《しょうてっちせん》、大鉄圍山、および十宝山《じゅぽうさん》の諸山の中にて、須弥山《しゅみせん》はこれ、第一なるがごとく、この法華経もまたかくのごとく、諸経の中において最もこれ、その上なり、

と、山の譬へがある。

それからあと数種連続し、合して同様の十種類の対比があり、法華経の優れてゐることが説かれる。

薬王菩薩の存在位置

後霊山会の出発が薬王菩薩であるといふところに、薬王菩薩の位置もおのづから表れてゐる。

なぜなら、記別を受けた二乗は菩薩化してゐるといふことがいへ、記別を受けたといふことは菩薩化した二乗で、かつて仏弟子は二乗だつたけれども記別を受けた時点から菩薩化し、二乗にあらず菩薩乗の機根に変はつたのだといへる。

であれば菩薩の中に二乗も含まれてゐるのが道理になるわけだが、その菩薩化した二乗に

も嘱累品で付嘱される、さういふ人間が受けた嘱累品の代表が、他方からきてゐる薬王菩薩、かういふ構成になつてゐる。

嘱累品で付嘱を受けた諸菩薩の代表者である薬王菩薩垂迹身が、じつはシナに出た天台大師であり、日本に出た伝教大師といつた霊的なつながりが認められる。これは薬王菩薩の応化・権化と申してても同じであるが、釈尊滅後の弘伝者《ぐでんしゃ》、実際に肉体を持つて存在した人間仏教徒のリーダーなのだ。そのリーダーの精神的な裏づけ、いはゆる本地は薬王菩薩なのだということにつながつていくわけである。

第二十一章　妙音菩薩品第二十四

三昧乗々

次の品は何か、妙音菩薩品第二十四である。

この妙音菩薩品とは、いかなる内容かとみてみると、薬王菩薩本事品が苦行乗々であつたのに対し、三昧乗々《さんまいじょうじょう》といはれる内容になつてゐる。三昧乗々といふのは、苦行乗々にならつていへば、三昧を用ゐて、妙乗・法華経に乗じ法を弘めると、かういふ内容が説かれてゐるのである。

三昧といふのは、サンスクリットの音写語である。漢語に訳すると静慮《じょうりょ》となる。精神統一をして、煩悩を表に出さないで物事の正しい判断ができる、さういふ精神状態になる、なつてゐる、さういふことを三昧と仏教的にいふ。その三昧を用ゐて、法華経を弘めるといふことをこの品では説かれてゐるのだ。

浄華宿王智仏と妙音菩薩

まづ、浄華宿王智仏《じょうけしゅくおうちぶつ》と妙音菩薩との関係から説き出だされる。

その時釈迦牟尼仏は、大人相の肉髻《にくけい》より光明を放ち、および眉間の白毫相より光を放ちて、あまねく東方、百八万億那由他の恒河の沙に等しき諸仏の世界を照らしたまう

ここで、少し思ひ起したいが、法華経の序品の中にも同じすがたがあつた。仏の眉間から光が放たれて、娑婆世界以外の世界を見る瑞相があつた。それと同じやうに、この品でも釈迦牟尼仏が現はされたすがたがある。浄華宿王智仏と妙音菩薩との師弟の関係、そこに展開する世界だ。

まづ「釈迦牟尼仏は大人相の肉髻より光明を放ち」とある「大人相」とは、三十二相の一つで、俗つぽくいへば大人《うし》、偉人の相のことだ。

仏の頭は螺髪形《らほつけい》をしてゐる。その螺髪、かたつむりの形をした頭の頂きが膨れ盛り上がつてゐる、仏像を見れば分かるが、これを肉髻といつてゐる。そこに知恵がたまつてゐて、かたまりのやうなものができてゐる。今の言葉でいふと瘤《こぶ》だ。ここから発光する。

「白毫」とは、眉間にある仏の毛の渦巻き状のもの、眉毛と眉毛との間にある突起物だ。今風にいへば疣《いぼ》のやうなものといつてもいいかもしれないが、その突起物から光が出てくる。

仏の発光装置である。

荘厳な覚りを開いた仏には、さういふすがたが与へられ、その光を放つてみえる世界がある。これは、仏だからみることができる、仏だからみせることができる、神力のなせるところなのであらうが、光で照らされた世界には浄華宿王智仏といふ仏がゐた、その仏のもとに妙音菩薩が仕へてゐる、そのやうな師弟のすがたを地上の聴衆は目にしたわけだ。

娑婆世界への憧れ

さうして、妙音菩薩は浄華宿王智仏に、

「ぜひ娑婆世界へ行きたい、娑婆世界に行つて釈迦牟尼仏の説法をお聞きしたい、娑婆世界がどういふ世界かみてみたい」

といひ遊学を志望するのだ。先の薬王菩薩のときも、娑婆世界への遊学を志望したことにふれたが、ここでも同様に遊学が出てくる。

そこで、この箇所をみると、法華経で重要視する世界、それは娑婆世界である、このことがよく分かる。十方世界の中で、一番劣悪な世界とされてゐた娑婆世界を訪れ「釈迦仏の説法が聞きたい」と娑婆世界への憧れを懐きつづけてゐるのだ。かうなれば娑婆《しゃば》即寂光《そくじゃっこう》といふ表現も充分に首肯されよう。

娑婆世界への来遊

この憧れが原因となり、妙音菩薩は娑婆世界に来遊する。

来遊するにつき、経文にしたがうと、いささか注意しなければならないことがある。大したことではないが、それは、妙音菩薩を娑婆世界に呼び寄せたのは、多宝如来であり、娑婆に来至してのち、妙音菩薩に声掛けまでしてゐることだ。かうして多宝如来がここに出て来ることは、いささか腑に落ちない、なにゆゑなのかと疑問が出てくる。

なぜなら嘱累品における総付嘱の後、多宝塔の扉は閉まつてをり、多宝如来は塔の中に閉じ込もつた形になつてゐるからである。役目は済み、声を発する状況にはないのがごく自然ではないか。

では、なぜさうなつてゐるのか、法華経の成立史にまつはる研究材料、後分の法華経成立の時期などにおける考究の対象になりうるやうだ。

しかし、この問題に深入りするのは避け、経文にそのやうにある事実を認めるに止めておかう。

三十四身の示現

さて、妙音菩薩がいかなる菩薩であるかについてはしかもこの菩薩は、種々の身を現して、処々に諸の衆生のために、この経典を説けり。或は梵王の身を現はし、あるいは帝釈《たいしゃく》の身を現はし、或は自在天の身を現はし、或は大自在天の身を現はし、或は大の大将軍の身を現はし、或は毘沙門天の身を現はし、或は転輪聖王《てんりんじょうおう》の身を現はし、或は諸々の小王の身を現はし、あるいは長者の身を現はし、あるいは居士の身を現はし

などなど、さまざまな姿を現じて衆生を救済してきたのだとある。

それを妙音菩薩の三十四身《さんじゅうししん》といふ。

三十四種類の身を現じて衆生を救済してきてゐるのだと明かされたわけだ。

これらの姿をなぜ現じられるかといふ理由として、三昧力を具へたからとある。

三昧力といふのは精神統一をして、五感を超越した世界で物事を見聞することで、普通の人間の能力以上の能力を具へた結果、三昧の力を得て、三十四種類の身を現じて、その時どきに必要な姿になり、衆生に法華経を伝へていつた、さういふ修行をこの妙音菩薩は行なつてきたのだ。

したがつて、妙音菩薩品で説かれてゐることは、三昧の力が、仏の滅後、正法・像法時代には必要なのだといふことである。三昧力をもつて、人間の能力以上の力を示せば、世の人びとはその力に感激して、素晴らしいことだと信ずる気持ち、喜びの心、それをもつて受け

止める。受け止めるといふことは救済が実現することだ。

なるほど、このやうな三昧力を現ぜられる背景には、法華経の功徳がある、この法華経の功徳をもつて、三昧力を用ゐて、われわれを導く、それを受け容れて、われわれの迷ひを断ち切らうではないか、断ち切れるのだ、かういふ妙音菩薩が行つた修行方法を仏の滅後の穏やかな時代に行ふのだ、これが三昧乗々である。

妙音菩薩の還帰

以上のやうな修行を示し、無量の衆生に利益を与へたのち、妙音菩薩はこの娑婆国土から引き揚げる。

引き揚げるにつき

その時、華徳菩薩《けとくぼさつ》（妙音菩薩の事を質問した菩薩）は、仏に白して言はく、世尊よ、この妙音菩薩は深く善根を植ゑたり。世尊よ、この菩薩はいかなる三昧に住して、能くかくの如く在所に変現して、衆生を度脱《どだつ》するや

と質問する。それに対し仏は

善男子よ、その三昧をば現一切色身となづけ、妙音菩薩はこの三昧の中に住して、能くかくのごとく無量の衆生を饒益《にょうやく》せるなり

と回答した。

妙音菩薩品を説き終はる時、

妙音菩薩と俱に来たれる者の八万四千人は皆、現一切色身三昧を得、この娑婆世界の無量の菩薩も亦、この三昧と陀羅尼とを得たり

といふ姿が現れたのだ。

ここにおいて、妙音菩薩は娑婆世界を離れるのであるが、離れるに当たり、

釈迦牟尼仏と多宝仏の塔を供養し終り

といふ儀式を行つてゐる。

妙音菩薩による三昧乗々は、かくして終了した。

第二十二章　観世音菩薩普門品第二十五

無尽意菩薩の質問

次の観世音菩薩普門品第二十五であるが、これは余りにも有名な品である。観世音菩薩といふ菩薩の物語であるから、観音品と略することもある。今時の日本の仏教寺院で観音菩薩を祀る寺院は多い。有名なところでは奈良桜井の長谷寺、神奈川鎌倉の長谷寺などがある。

関東の人は長谷の観音といふと、鎌倉の観音をイメージしがちだが、本家は奈良桜井である。四国では観音の霊場巡り、茨城県にも古河に長谷観音があり、全国に観音信仰がひろまつてゐる。京都にある門跡寺院の御室仁和寺には観音堂があり、堂内の壁画には当時の有名画師による観音菩薩像が描かれてゐる。

さうした信仰のそもそもは、法華経の第二十五番目の観世音菩薩普門品にある。原点はここにある。

さて、この品は

そのとき、無尽意《むじんに》菩薩は、即ち座より起ちて、偏《ひとえ》に右の肩を袒《あらわ》し、合掌し仏に向かひたてまつりて、この言葉をなす。世尊よ、観世音菩薩は何の因縁をもつて観世音と名づくるや、と

から始まる。

先の妙音菩薩品は仏の神通力で世界を照らし、その世界で展開してゐる姿から説き出されたが、観音品はさうではなく無尽意菩薩が質問し、何の因縁があつて観世音と名づけるのか、かういふ質問から始まるわけだ。

さきの肉髻や白毫から光を放つたといふやうなことにちなんでみると、無尽意菩薩は仏に質問する時、右の肩をあらはし、合掌し質問を申し上げた、かういふことになつてゐる。右の肩をあらはにするといふことは、仏に対する従順を表し、仏の教へをいただくひとつの作法だ。

これはわが国の相撲の世界でもある。時により付け人が横綱に水を付ける場合があるが、浴衣の右の肩をあらはにして水をつける。格下の者が格上の横綱に水をつけ勝負が始まる前に心身ともに清らかなる、さういふ清浄な姿を現ずるためには右の肌をあらはにするのが、相撲界の仕来りだ。これは恐らく仏教的なことからきてるのではないかと思はれる。

観世音の名のいはれ

さて仏は無尽意菩薩に何と答へたか。

善男子よ、若し無量百千万の衆生ありて、諸の苦悩を受けんに、この観世音菩薩を聞きて、一心に名を称へば、観世音菩薩は、即時にその音声を感じて、みな解脱することを得せしめん。若しこの観世音菩薩の名を持つものあらば、たとひ大火に入るとも火も焼くこと能はず、この菩薩の威神力に由るが故なり

衆生が観世音菩薩といふ名前を称へれば、利益がある、だから観世音といふ名前がついてゐる、かういふ答へだ。

観世音を分解すると、観と世音。観は仏の仕事。世音は衆生の悩み。衆生の悩みや苦情がいろいろある、その衆生の苦情、悩み、さういつたものを観じ聞き届ける、観といふのは見るだけではなく、聞くといふことも含まれてゐるわけであり、見たり聞いたりして、その一つひとつの悩みに解決を与へる、さういふ救済を目指したので観世音といふ名前があるのだ、といふ。

三十三身の示現

この観世音と名前を称へただけで、火事にあつても大火は免れる。大水が出ても水の難に遭はないで済む。

かうした現世利益が説かれてゐるが、これに世人は、非常に魅力を感じたのであらう。現世利益を与へるについて、観世音菩薩は三昧力を用ゐる。妙音菩薩は三十四身だが、観世音菩薩は一つ少ない三十三身を現じて現世利益を与へ衆生を救済していつたわけだ。三十三身については以下のごとく説かれてゐる。

仏は無尽意菩薩に告げたもう。善男子よ若し国土ありて、衆生の、まさに仏の身をもつて救ふことを得べき者には、観世音菩薩はすなはち仏の身を現はして、ために法を説くなり。

次は

辟支仏の身をもつて救ふことを得べき者には、すなはち辟支仏の身を現はして、ために法を説くなり

辟支仏といふのは二乗のことだ。二乗の思想は個人解脱を目標とする思想といへる。個人

解脱が自分に合つてゐると自覚する衆生がゐれば、辟支仏の身を現じて、救済を与へていく、さういふことも行ふ。まさに声聞の身をもつて救ふことを得べき者には、声聞の身を現はしてために法を説く。

これらは観音菩薩の三十三身の一つで、まさに煩悩の身をもつて救ふことを得べきものには、煩悩の身を現はして、ために法を説くのだ。

これ以外に多くの身を現じ衆生を教化していく、観音菩薩にはこのやうな働きがある、さういふことを説かれるわけである。しかも、妙音菩薩と同じく三昧力をもつて、仏の滅後の衆生に対し、三昧乗々をもつて救済を与へていく、このやうにある。

観音偈

それから、観音偈《かんのんげ》が説かれる。

この偈が有名な経文で「念彼観音力《ねんぴかんのんりき》、火坑変成池《かきょうへんじょうち》」云々とある。かうした観音の力を念ぜば、火坑は変じて池となる、観音の力の三昧力の賛嘆を、この偈で繰り返すわけである。

この観音偈では、念彼観音力が繰り返し説かれるので、これを観音経といふやうになり、観音菩薩を讃歎する言葉に発展した。三十三身を現じて、衆生を救済するにつき、三昧力を発揮して、いろいろな救済の場面を現じるのが説かれてゐるわけで、かかる内容が観世音菩薩品第二十五の概要になる。

第二十三章　陀羅尼品第二十六

ダラニ（総持）とは？

その次に陀羅尼品《だらにほん》が二十六番目にある。

この陀羅尼品がいかなる内容であるかといふと、苦行乗々が薬王菩薩本事品、それから三昧乗々が妙音菩薩品、ならびに観世音菩薩普門品、かうした立場であつたが、乗々といふ面からすると、陀羅尼品は総持乗々《そうじじょうじょう》になる。

この総持乗々といふのは、総持をもつて、妙乗に乗じて、法を弘めるといふことになるが、薬王菩薩が苦行、それから妙音菩薩と観音菩薩が三昧であれば、今度は総持をもつて、法華経を滅後に弘める、このことを説かれた品だ。

では、総持とは何か。

陀羅尼品と品名があるやうに、サンスクリット語のダラニ（Ｄｈａｒａｎｉ）を陀羅尼と音写し、総持、等持、呪《じゅ》などと漢訳したわけだ。これら陀羅尼の訳については多義ゆゑ、いちいち翻訳せず、そのまま音写して経文に書かれてゐる。

「安爾《あに》」「曼爾《まに》」「摩禰《まねい》」などと、調子を整へて読んでいけば、それだけで神に守られてゐる、祈祷の効果がありさうな連続音の軽快な響きがある。

横浜の鶴見には総持寺、京都には等持院といふ有名な寺院がある。等持院は足利尊氏や足利一族をまつつた寺、総持は等持と同じ意味で、総持のことを等持といつたり、陀羅尼といつたり、また呪ともいふ。

むかし、子供の時、忍者遊びが盛んな時があつた。呪文を唱へれば透明人間になれる、そのやうな遊びをした記憶が甦るが、このやうな場合に唱へる呪文は陀羅尼といへる。

したがつて、サンスクリット語を漢字で音写し、表現しただけであるから、漢字には何の意味もない。陀羅尼とあるので、尼さんに関係したことかなと思ふかもしれないが、漢字には意味がない。

陀羅尼については、以下のやうな解釈がある。

「Ｄｈａｒａｎ.ｉとは要するに瑜伽三昧《ゆがざんまい》に入る最も重要なる精神統一の段階であつて、精神の動揺を総持するの意、仏教にいふ陀羅尼もその最初は同じくこの意味」

この一文は本田義英博士の『法華経論』（前出）の中に出てゐるが、この説明で分かることは、先ほど出てきた三昧と同じやうに、いはゆる陀羅尼には時代的な変遷があつて、意味が変はつてきてゐるといふことだ。

原始仏教の前のバラモン教の時代にも陀羅尼があつたわけで、その陀羅尼が仏教に入つてきて原始仏教で取り入れられた。そして小乗仏教にも取り入れられ、やがて大乗仏教の中にも同様に取り入れられてゐて、次第に深まりを持つやうになつた。もちろん法華経にも陀羅尼思想が入つてゐて、法華陀羅尼、法華呪が存在する。これは法華経以外の陀羅尼とは呪においては同等だが、その意味内容においては当然違ふといふことになるのだ。

陀羅尼と真言

この呪のことを真言ともいふ。それで密教系では真言陀羅尼といふ。すなはち、真言宗のはうでは、陀羅尼といへば、真言だといふやうな解釈をする。真言宗では、真言陀羅尼が仏の教への全てだといふ解釈になつてゐる。

日本密教の開祖、といつてもこれは俗説で、伝教大師最澄を真の開祖とすべきなのだが、それに位置づけられる弘法大師空海によると、大日如来の相を念じ、大日如来の心になつて、大日如来の真言を口に唱へることで、大日如来と人間は一体になることができる、いはゆる三密（身・口・意）倶持による即身成仏といふ理論になり、真言が事的にいちばん優れてゐて、法華と真言の理は同じだけれども、事は真言のはうが優れてゐるのだといふ真言宗の教義に発展到達したわけだ。

さうした思想に影響され、伝教大師にはみられない「理同事勝」といふ法門が、伝教大師以降の比叡山に出てくるが、その優れてゐるとの自信は何かといふと、まさしく陀羅尼だ。

陀羅尼があるから、真言系は法華経よりもすぐれてゐる、法華経にはさういふものがない、かういふ論法になる。ところが、その論法は非常に荒つぽいものであり、仏教や国家の大義名分を乱す亡国思想、亡国者流の恣意的な危険思想だといふ批判があるのも知らねばならない。

逆に真言宗がいふ陀羅尼よりも、法華陀羅尼のはうが勝れてゐるのだ、それは法華経の中に陀羅尼品があるからだと、かういふ発想にもなる。すなはち、法華真言は妙法蓮華経であり、この妙法五字こそが大日如来では遠く及ばない、久遠本仏の覚りの全面容を表す陀羅尼・真言だとなる。伝教大師の円・戒・禅・密の四宗相承もかかる観点から発し、密教を法華思想で包摂しつつシナから招来してゐるといへよう。

薬王菩薩の質問

これから、その陀羅尼品の内容に入るが、まづ、いかなる展開があるか、

そのとき、薬王菩薩はすなはち座より起ちて、ひとへに右の肩をあらはし、合掌し仏に向かひたてまつりて、仏に白して言はく、世尊よ、若し善男子、善女人の能く法華経を受持する者ありて、若しくは読誦して、通利し、若しくは経巻を書写せば、いくばくの福を得るやと

かういふ質問が提出される。
この質問に対し、法華経を説《せつ》の如く修行することが必要だとし、
そのとき、薬王菩薩は仏に白して言はく、「世尊よ、われ今、当に説法者に陀羅尼、を与へて以て、之を守護すべし」と

ここから陀羅尼品が始まつていくわけである。

如説修行者を守護する呪文

仏弟子が法華経を弘めるに際し危難にあふ、災難にあふ、不幸な目にあふ、さういふ時に薬王菩薩が出ていつて、呪を唱へて仏弟子を守護する、さういふ誓ひを立てるのが、この陀羅尼品の大きな特徴だ。

薬王菩薩の誓ひに引き続き、その後に勇勢菩薩《ゆうせぼさつ》が薬王菩薩と同じやうに法華経を読誦し受持する者を守るために陀羅尼を説かんと誓ふ。薬王菩薩と勇勢菩薩、この二人の菩薩が、守護の誓ひを仏に申し上げるのである。

この二菩薩だけが守護の誓ひをしたのではない。それ以外に天部の神がみが、菩薩の言葉

に引きづられて、誓ひを述べる。たとへば毘沙門天が

そのとき毘沙門天護世者は、仏に白して言はく、「世尊よ、われもまた衆生を愍念《あわれ》み、この法師を擁護らんがためのゆゑに、この陀羅尼を説かん」と

と誓願する。ひきつづき

持国天王は、……世尊よ、われも亦、陀羅尼神呪《しんじゅ》を以て法華経を持つ者を擁護《まも》らん

と持国天が誓ひを立てる。

この薬王と勇勢の二菩薩を二聖と呼び、毘沙門天と持国天を二天と呼ぶ。併せて二聖二《にしょうに》天《てん》といふが、この二天の天部の神がみが、呪をもつて守護を誓つた、これは非常に意味のある説相なのである。

二天守護は予言である

その点を考へるまへに少し脱線。

戦国武将の上杉謙信が毘沙門天《びしゃもんてん》の化身《けしん》だと信じて毘沙門天を信仰した。

自軍の幟も「毘」の一字を用ゐたけれども、上杉謙信を待つまでもなく、毘沙門といへば心地よい響きだ。毘沙門天、これもサンスクリットの音写だ。

さて、この毘沙門天と持国天は四大天王のうちの二神だ。四天王とか、四大天王とかいふが、四天王といふのは、東西南北、四方を守る天の神とされてゐる。毘沙門天は北方守護の神、それから持国天は東方守護の神だ。南方、西方を守護する神ももちろんゐるが、なぜ東西南北の四方を守る神の中で、北方と東方だけが誓願を起したかといふことが、陀羅尼品のひとつの研究テーマといってよい。

普通であれば南方、西方の守護神も誓ひを立て、自分たちも陀羅尼を説き法華経受持の者を守ると誓願しなければいけない。ところが、北方と東方の守り神だけが守護の誓ひをたて、陀羅尼を説いた。これは法華経が仏滅後、東方と北方に縁があるから、自分たちの使命があるのだ、かう自覚したから誓つたのではといふ解釈が成り立つ。

大乗仏教とキリスト教の伝播経路

これは後にもふれるが、大乗仏教は東北方に流伝した。しかし西には行かない。南のはうには上座部仏教（小乗仏教）として、セイロン、今のスリランカまで行きついた。しかし、大衆部仏教（大乗仏教）はなぜか西のはうや南のはうには行かないで止まる。大乗仏教が太い道をさかんに辿つてきたのは、チベット、ネパール、シルクロードなどだ。

ここを伝はつて、シナに来る、それから朝鮮半島を渡つて日本に来る。しかし、日本から前には行かない。海で遮られて行けない。

ところが、キリスト教は逆だ。西のはうには行つたけれども、東のはうには来ない。来ても中途で挫折してゐる。

これは、何故か。キリストの発祥の地は、中東のシナイ半島あたりかと思はれる。仏教は中央アジアで発生した。この二大宗教のうち、大乗仏教は東北方に流伝していくけれども、キリスト教は西方から、ローマ帝国へ、そして、西へ西へ行つて、そして最後はアメリカに到達し、アメリカから日本に伝はつてくる。それがキリスト教伝播の本道なのだ。一部シナに渡り、景教といはれたり、大航海時代に海を渡り、わが国に伝来してゐるが、本道は西からの伝流だ。

さういふ象徴的ともいふべき伝播経路が存在してゐる。

二天守護は、この面からみても非常な示唆を含んでゐるのである。

二菩薩、二天の他、十羅刹・鬼子母神が同じやうに呪を唱へて法華経守護、擁護の誓ひをなしてゐる。このやうにして法華経守護のための呪が、総持乗々といふ立場において説かれたのである。

呪をもつて法華経に乗じて法華経を弘めていくといふのが明かされた、これが陀羅尼品のストーリーだ。

第二十四章　妙荘厳王本事品第二十七

雲雷音王華智仏の本生譚

次は妙荘厳王本事品《みょうしょうごんのうほんじほん》第二十七である。

この品は先ほどからの乗々といふ観点からすると、誓願乗々《せいがんじょうじょう》となる。誓願を持ち妙乗に乗じて法を弘める、このことが明かされたといふことになる。

では、その誓願とは如何なるものか、以下これをみてゆかう。

この品も本生譚《ほんじょうたん》、昔話が説かれてゐる。

昔むかし、雲雷音王華智仏《うんらいおんおうけちぶつ》といふ仏がゐた。そのとき妙荘厳王といふ王もゐた。この王の夫人に浄徳がゐて、国王夫妻には二人の子どもがゐた。二人の子どもは、浄蔵《じょうぞう》、浄眼《じょうげん》といひ、二人の王子は、深く仏教に帰依し、正法を持《たも》たうとした。しかし、父王は子どもとは違ひ、なかなか正法に帰依せず、仏教以外のバラモン教に信を捧げ、法華経には帰依しない。正法に目覚めないのだ。

そこで、二王子は母后と相談し、なんとか父王を目覚めさせたいと念ずる。父王の帰依があれば、王族および国をあげて救はれる、いや救はせるやうにしないといけない、と真剣に考へた。
二王子はそのやうな願ひを持つてゐたのである。
この二王子が、父親を教化するため、誓願を持ち、あの手この手で父王を教化していく、その結果、父王が帰服し、国を挙げて仏法を信じ、護持する、さういふ乗々が明かされてゐるのがこの品の概要である。

浄蔵・浄眼の二子、神通を現ず

さて、二王子は、父王を帰服させるため、あの手この手を使ふ。経文には神通を示し、仏法の偉大さを父王に伝へようとしたとある。

二子はその父を念《おも》ふが故に、のぼりて虚空に在ること高さ七多羅樹《ひちたらじゅ》にして、種々の神変を現はせり。虚空の中において、行・住・坐・臥し、身の上より水を出し、身の下より水を出し（中略）かくのごとき等の種々の神変を現して、その父王をして心浄《こころきよ》く信解《しんげ》せしめたり

かくの如くして、二王子は父王を兼ねての願ひ通り、正法に帰服させることに成功した。

二王子は出家の心を起し、父王の妙荘厳王も雲雷音王華智仏のもとに出入りし、ともに教へを受けるが、

　この王はわが法の中において、比丘となり、仏道を助くる法を精進し修習して、まさに仏となることを得べし、娑羅樹王《さらそうじゅおう》と号《な》づけ、国をば大光と名づけ、劫《こう》をば大高王と名づけん

と、雲雷音王華智仏は妙荘厳王に記別を授けるのだ。

この記別のありかたは、法華経の前半、迹門において仏弟子がたが受けるものと同じ形式をとつてゐるのに注目しておかう。

このやうな世界を明かしつつ、この品では浄蔵、浄眼の二子は、誰あらう薬王、薬上《やくじょう》の両菩薩であると過去を明かしてゐる。

かうした過去があるといふことは、本生譚の為せるところだが、遠い過去からのつながり、すなはち因縁の存在を明かし、たんに現世のみのつながりではないといふことを強調してゐるわけだ。

この点でも法華経の一特色、迹門の因縁説周《いんねんせっしゅう》が出てゐるのである。

王法・仏法の視点

以上のやうな、妙荘厳王にまつはるこの品は、今まで眺めてきた乗々といふ点からすると、少し性格が違ふことに気づく。何が違ふか、国王や王子、王夫人など王族が主役といふことだ。国王の王子が二人ゐて、その王と夫人と二人の王子と、仏との間での出来事が説かれてゐる。この出来事の最後は、国王が二人の王子の諫言を容れて、仏法に帰する、王による仏教の受容、さうした物語である。

その中に王の夫人もからんでくるわけだが、仏の教へをいかに国王が信ずるか、あるいは信じるやうになるか、あるいは信ぜさせることが可能であるか、かやうなテーマであるから、これまで仏の教へを受けた者の救ひ、あるいは守護といふ個人的な視点、あるいは歴史的な時代変遷を観点にした方法論からみると、すこし色合ひを異にしてゐる風情が認められる。

もちろん、さうした個人救済や歴史変遷といふ視座は大枠としては他の品にも存在するが、王と夫人、その王子とのつながりで、法華経といふものがどのやうに捉へられていくかといふところに、この品の大きな特長があると思はれる。

このことは、未来における仏法のありやうに、王法がいかに関連するかについて、妙荘厳王といふ王を設定し、誓願乗々してゐるといふことになると理解できよう。

妙音菩薩や観音菩薩が三昧力《さんまいりき》を出した、あるいは苦行して薬王菩薩が法華経を弘めた、その中において妙荘厳王が正法に帰するといふ物語が設定されてゐるのは、これは王と仏との結合につき、将来かういふことになるのだといふ展開、しかも、その通り実現するといふことを予言した品ではないかと、私には思はれる。

かうした解釈に対し、拡大解釈とか牽強付会の説だとする議論もあるかも知れない。しかし、この後分の法華経の中に、王法と仏法との関係如何といふテーマがあるといふ不思議を、要領よく説明しなければならず、敢て私の解釈を提出しておく。

陀羅尼品との関連性

そこで、まへの陀羅尼品との関連につきふれてみると面白い観点が出てくるやうな気がする。

まへの陀羅尼品では、二聖・二天の守護が出てゐた。その中の二天は持国・毘沙門の二天であつた。この二天は持国天が東方、毘沙門天が北方を守る天部の神であつたわけで、これについては、仏滅後の法華経流伝の地理的方角を示唆したものとする、従来の説を紹介した。法華経の東北方への流伝経路について予言が存在する、この予言は歴史的な地理概念からして大枠は間違ひではなかつた、このやうな見方を紹介したが、では東北方にこの経典が流れゆく途中経過、あるいは行きついた場合のすがたを当時の関係者が知りたいと思ふのは無理からぬことと思はれる。法華経が伝はる地方での受け容れられるすがただ。

この点で、妙荘厳王本事品の説相は、大きな示唆を含んでゐる、このやうに思はれる。すなはち、法華経の滅後流通の経路、および終極点に至つた暁の時代的、社会的現状についての予言が、この品に示されてゐるのではないか、このやうに思はれてならないのだ。

王と仏、王法と仏法との一致がもたらされる国土が、この地上に設《しつら》へられてゐて、その国土において法華経が、思想やイデオロギーとして発展・完成していく、その結果、理想的な王仏冥合・顕合の世界が現出される、そのやうに当時の関係者が合意してゐたからこそ、この品の予言が入り込んだのではと思はれるのである。

わが国における法華経の受容は、かかる観点からすれば、まさしく到着点に位置し、王仏が冥合する国土である、このやうな受け止め方をしたとしても一向に不思議なことではなからう。

ごく自然にわが国人は、法華経を護国の経典として受け容れたのだ。

聖徳太子をはじめ、正統な仏教家は、なべて法華経をそのやうに受容してゐる不思議が、歴史上みとめられるのである。

第二十五章　普賢菩薩勧発品第二十八

次に最後の普賢菩薩勧発品第二十八に入る。
これはさきほどの乗々にちなむと、神通《じんずう》乗々といふことである。

普賢菩薩の来臨と質問

その時、普賢菩薩は、自在なる神通力と威徳《いとく》と名聞《みょうもん》とを以て、大菩薩の無量無辺の不可称数なると共に、東方より来たれり。経たるところの諸国はあまねく皆震動し、宝の蓮華を雨《ふ》らし、無量百千万億の種々の伎楽《ぎがく》をなせり。また、無数の諸々の天、龍、夜叉《やしゃ》、乾闥婆《けんだつば》、阿修羅《あしゅら》、迦楼羅《かるら》、緊那羅《きんなら》、摩睺羅伽《まごらが》、人《にん》、非人《ひにん》などの大衆の囲遶《いにょう》せるとともに、おのおの威徳と神通の力とを現はして、娑婆世界の耆闍崛山《ぎっしゃくせん》の中にいたり、頭面に釈迦牟尼仏を礼し、右に遶《めぐ》ること七匝《そう》して、仏に申していはく、世尊よ、われは宝威徳《ほういとく》上王仏《じょうおうぶつ》の国において、遥かにこの娑婆世界に法華経を説きたまへるを聞き、無量無辺百千万億の諸々の菩薩衆と共に来たりて聴受す。ただ、願はくは世尊よ、当に為にこれ

を説きたもうべし。若し善男子、善女人あらば、如来の滅後において、いかにしてよく
この法華経を得るやを

と、このやうに普賢菩薩が質問する。

四法成就

この普賢菩薩の質問に対して有名な、四法成就《しほうじょうじゅ》が明かされる。

四法を成就せば、如来の滅後においても、まさにこの法華経を得べし

と、かういふことを回答として示されたわけだ。

この「四法を成就せば」であるが、四つの法を成し遂げれば、仏の教へを成就することができる、一には諸仏護念《しょぶつごねん》、二には植衆徳本《じきしゅとくほん》、三には入正定聚《にゅうしょうじょうじゅ》、四には発救済心《ほつぐさいしん》、この四法をそれぞれ完成させれば法華経を得ることができるのだといふのだ。四つの法を成就させるといふので、この四法を古来、再演法華《さいえんほっけ》ともいつてゐる。

法華経の内容をあらためて説けば、この四法を成就することが、仏のこれまで説いてきた教へと等しくなる、かういふことである。

後五百歳説の登場

その後に、その四法を成就することによつて、覚りを得ることができるのだとした上で、

そのとき、普賢菩薩は仏に中していはく、世尊よ、後の五百歳の濁悪の世の中において、この経典を受持するものあらば、われはまさに守護してその患《うれ》ひを除き、安穏なることを得せしめん

とある。

ここに「後の五百歳」といふフレーズが出てくる。後の五百歳にこの法華経を持てば、普賢菩薩はその人びとを守護をしていく、しかも、その後の五百歳は、「濁悪《じょくあく》の世の中において」とあるやうに、悪世にこの経典を受持する者あれば、われはまさに守護する、かう出てくるわけだ。

普賢菩薩の言葉の中に、この五百歳が出てくる。

これは非常に大きなテーマとして浮上してきてゐる。

後の第三部第二章「付嘱に関連する仏滅後の時代表現」でもふれるが、法華経の中に五百歳といふ言葉が出てくるのは、この普賢菩薩勧発品が初めてではないかと思はれる。それま

では悪世とか、末法だとか、像法の末だとか、さういふ言葉があるが、後の五百歳がここに限定されて出てくるので、これをどう理解すればいいのか、これが大きなテーマになつてくるわけだ。

なほ、この点について法華経成立史の研究者から、後の五百歳が出てきてゐるので、普賢菩薩勧発品は後世に付加された経典ではないかとの説が出てくる。もつともな説だ。

その理由だが、五百歳説が出てくる大集経《だいしっきょう》は、シナにおいて漢訳されてゐる。漢訳は六世紀頃にされてゐて、その大集経の中に五箇の五百歳説が出てくるのだ。したがつて、法華経の原形に後五百説があらうはずがない、大集経はシナ産の偽経だとなる。

この説からいふと、後世の仏教徒が、仏滅後の時代を説明するのに、シナでつくられた経典を紛れ込ませたとするわけで、後世の付加といふ見方が成立するのだ。

特に大集経の五箇の五百歳説が出てくるのは、大集月蔵経《だいしゅうがつぞうきょう》、あるいは月蔵分《がつぞうぶん》といはれる経典に出てくる。この月蔵分の中に五箇の五百歳説が出てゐる。

さういふ大集経の成立時に普賢菩薩勧発品が法華経に入つてきたのではないかといふやうな捉へ方が、この五百歳の言葉によつて考へられてゐる。

神通乗々

普賢菩薩は、悪世の中においての法華経受持者を守護するといふ誓願を起し、その誓願を達成しつつ法華経を弘めていく、いはゆる神通をもつて妙乗・法華経に乗じて、法を弘めるのである。

この神通乗々が明かされたのが、二十八番目の普賢菩薩勧発品であるといふことになつてゐる。

勧発品の最後の経文は、

一切の大会は皆、大いに歓喜し、仏の語を受持して礼をなして去れり

である。

この「礼をなして去れり（作《さ》礼《らい》而《に》去《こ》）」をもつて法華経一部二十八品が終了するのである。

第三部　法華経の特色

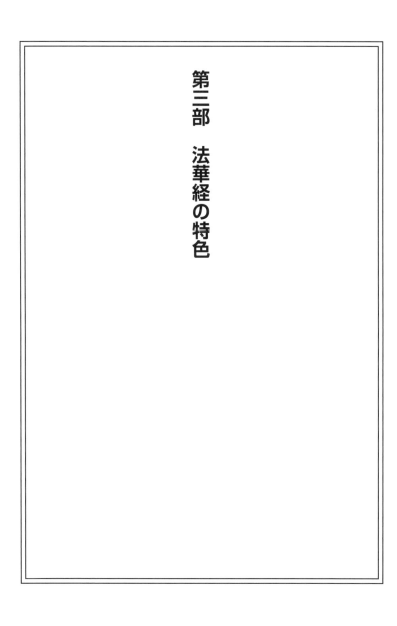

第一章　後霊山会六品の再考察（薬王菩薩本事品〜普賢菩薩勧発品）

六品存在の意義

これについては、それぞれの品のところで説明したところであるが、この六品がなにゆゑに法華経のこの箇所にあるかといふテーマについて再考してみたいと思ふ。

この箇所については、経文の内容から苦行・三昧・総持・誓願・神通の各乗々が説かれてゐると説明した。かかる説明は、経文を拝読してゆくと、なるほど、さういふことが説かれてゐるのだなと納得できるわけであるが、納得できるのと、なぜここに六品があるのかといふのは、また別の問題だ。したがつて、それにつきいろいろな面から考へていく必要がある。

従来、この六品については、薬王品から妙荘厳王品までは「化他流通」、最後の普賢菩薩品は「自行流通」といふ具合に解釈されてきてゐる。

本門の流通分として、最初の五品が化他のため、最後の一品が自行のための流通である、かういふ分け方がなされてきてゐるのだ。

二種の嘱累との関連

この解釈を手掛かりとして、六品の存在意義をみてゆくと、神力品および嘱累品と六品の関連についてある種の意義付けをしてゆく必要が認められる。なぜなら、嘱累があるから流《る》通《つう》もあるとの視座が存在するからだ。

この点で、六品と神力品とは直接関係はない、このやうな言ひ方ができる。なぜなら、この六品には地涌の菩薩に付嘱されたのちの流通が説かれてゐるわけではないからだ。

地涌の菩薩以外、さきほどもふれた迹化・他方の菩薩たち、それと菩薩化した二乗、および天部の神がみ、さういふ存在に付嘱された嘱累品と密接にこの六品は関連して存在してゐるのだといふ見方がなされなければいけない。

といふことで、嘱累品第二十二における付嘱は、迹化・他方の諸菩薩および授記済みの二乗になされてゐる、この点を思ひ起しておかう。とともに神力品の付嘱は地涌の菩薩に対してであることも再想起しておく。

薬王菩薩の存在価値

かくして、仏の滅後これら嘱累品で付嘱を受けた諸菩薩の弘通如何に対する予見、さういふ立場で六品が存在するのだといふことになる。

これらの諸菩薩とは、薬王菩薩、妙音菩薩、観世音菩薩、勇施菩薩、普賢菩薩など法身の菩薩たちと、肉身を持つ菩薩化した声聞・縁覚の仏弟子、および天部の神がみなどである。菩薩化した二乗といふのがここに出てくるが、この諸菩薩が六品の主役といつてよい。なかでも薬王菩薩が代表してゐると見做し得る。なぜなら、そもそも出発が薬王菩薩に対する説法であり、薬王菩薩がいろいろと見解を述べ、これが柱になつてゐるので、主役・脇役といふ設定をすれば、薬王菩薩が主役といつて過言ではない、間違つてはゐないと思はれるからだ。

ちなみに、法華経における薬王菩薩の名前は、まづ法師品、つぎに勧持品、それから薬王菩薩本事品、そして四番目に陀羅尼品、最後は普賢菩薩勧発品の五か所に出てゐる。五か所の出番の中で六品中が三度あり、いかに六品中における薬王菩薩の存在が大きいかが理解されよう。

しかも、もう一つ注目すべきは、これらの出番の中で、二か所に法華経と諸経との対比が明かされてゐることである。

法師品では三説超過《さんせつちょうか》、それから薬王品では十喩称揚《じゅうゆしょうよう》が説かれてゐる。法師品の三説超過は、已今当《いこんとう》、すでに説き、いま説き、まさに説く、この三説より法華経が勝れてゐるとの比較法門の開示だ。

また、薬王品では十喩称揚、これは十の例へをあげ、余経と法華経を比較すると、法華経が勝つてゐる、さういふ法門であるが、他経と法華経を対比し、その勝劣を考へるときに、薬王菩薩が絡んできてゐるといふことも、法華経の中に存在するわけで、注目するべきである。

仏滅後弘通の時代についての予見

そこで、薬王菩薩の弘通の時代社会について考察してみよう。

すでにふれたごとく、法師品には「悪世《あくせ》」「如来現在猶多怨嫉況滅度後《にょらいげんざいゆたおんしつきょうめつどご》」があり、それを受けた安楽行品にも、「後の悪世」「如来の滅後末法」「後の世の末の世の法の滅せんと欲するとき」などの悪世に対する未来予見がある。これは誘引摂化《ゆういんせっけ》と連動してゐるのだが、闘《とう》諍《じょう》堅固《けんご》の末法時を担当する地涌菩薩の布教法は折伏逆化で、勧持品、常不軽菩薩品と連動してゐて、対比の妙を発揮してゐる。

したがつて、後の六品は、悪世における誘引摂化のための弘通法《ぐずうほう》がそれぞれ明かされたとしなければならない。ただし、この場合の悪世は、悪が表面に出るといふことよりも、善が表面に表れてゐるが、裏に潜んだ悪が存在する世、時代といつた立場であらう。

さうした善悪両様の時代においての諸菩薩の化他流通と自行流通といふ立場で、苦行で弘める、三昧で弘める、呪文（陀羅尼・総持）を唱へて弘める、それから誓願で弘める、神通力で弘めていくことで、安楽行品の立場で迹化他方の菩薩が弘めていく内容と、この六品が連動してゐるといへるのである。

それに比べて、地涌の菩薩が神力品で付嘱を受けた、そして地涌の菩薩が滅後布教していくのは、大集経の月蔵分によれば「闘諍堅固《とうじょうけんご》の末法」といふ五箇のうちの最後の五百歳時代になるので、勧持品や常不軽菩薩品に出てくる折伏逆化の立場で法を弘めていくことになる。この場合の末法は、闘諍堅固とあるやうに、堅固とは必ずさうなるといふ意味であるから、特殊の史観に基づいた未来予見としなければ、先の善悪両様の仏滅後史観と整合性がとれなくなる。かうしてみると、仏滅後かなりの時代変遷を経たのちに出現してきてゐる史観を是認しなければならず、悪世思想が整備されたといはなければならない。

嘱累品付嘱＝摂受、神力品付嘱＝折伏

この点は改めて詳しく考究したいが、これまでの説明済みの諸観点からすると、誘引摂化は、苦行乗々では苦しみを自ら請け負つて相手を喜ばしていく、相手の望む形態を採用するといふことで相対的で絶対的ではない。三昧乗々も、三昧の力を示して相手を救つていくといふのは、これまた相対的であり何が何でもこの方法でなければいけないといふことではない。末法になると、何が何でも折伏逆化でなければ衆生は救へない、かういふ立場に変はり、誘引摂化のための方法論がこの六品には示されてゐるといふことになる。したがつて、苦行の中にも三昧や総持や神力や誓願などを併用する方法論が現れてゐる。

このやうに、誘引摂化のための方法は、六品に渉つて説明してあるのに、本門流通の中で折伏の方法がなぜ存在しないのか、なぜ六品だけのみあつて、地涌の菩薩の弘通法、具体的な救済の仕方がこの後霊山会には無いのかとの疑問は、じつはあまり関心がないやうだが、存在しなければならない性質なのだ。

誘引摂化の方法だけが優遇されて、地涌の菩薩の布教姿勢については何の言及もない、これはおかしいのではないか、といふ疑問が出てくる余地は大いにあるのだ。

このあたりについて、以下に私の考へを開陳しておきたい。

嘱累品の付嘱に対応する布教法

誘引摂化といふ化導法、これは摂受《しょうじゅ》といふことであるが、仏教的な摂受と折伏《しゃくぶく》といふのが二大救済方法としてあり、その中の摂受の行は、これまでみてきたやうに、主に安楽行品で四安楽行として出てきてゐる。

安楽行品には、法を聞く人びとの心に合せて法を説いて行きなさいとある。

勧持品の立場は「相手が何を思はうが、何を言はうが関係なく言ふべきことは伝へなさい」と、このやうになる。

さういふ両面の弘め方があり、摂受の場合は衆生の気持ちを汲んで衆生の意に合せる、折伏の場合は、他意は考慮に入れないで、自意を純粋に勧めればよい、いちいち他意を入れてゐると前に進まない、それだけいろいろな意見が出てくる時代に入つたから、他意に全面的に従ふことは不可能なのだといふ時代観が背景にある。かういふ衆生の心情を認めていけば、おのづから布教法、態度も変はつてくる、かうした未来予見である。

この摂受の立場、誘引摂化するための立場を六品に説かれてゐると認めることで、六品の存在意義が理解できる。他意に従ひ、薬王菩薩がやつたこと、妙音菩薩がやつたこと、それから観世音菩薩がやつたこと、あるいは妙荘厳王が帰服するに至つたこと、普賢菩薩の現じたいろいろな神通力、さういふものを認めた上で滅後布教して行きなさい、さうすると成功する、そのためにこの六品が説かれたとならざるを得ないのである。

原法華経への後世付加説

では、なぜ折伏について六品には説かれなかつたのであらうか。

地涌の菩薩による弘経によつて惹起する状況は、勧持品にすでに説いてあり、修行の行軌は常不軽菩薩品に説いてある。

となれば勧持品と不軽品の二品中に説いてある方法を用ゐれば、おのづから折伏行につながるので、他意を汲まないで仏の心をそのまま弘めることができる、そこでこの六品に説く必要はない、このやうに理解できる。

このやうに理解すれば一見余計ではないかと思はれる六品が何故必要かと、疑問が重なつてくる。六品があるといふことに関し、六品を原法華経に付け加へる必要があつたから六品がある、逆に折伏行といふ布教の具体的な内容の品は必要ないから付け加へられなかつたのだ、かうした議論も成り立つ。

法華経成立史的にこれを見ていく必要が出てくるのだ。

相承を重んじた仏弟子

もう一つ、この疑問に理由付けをしていくと、この安楽摂受行を行ふのは、大体、仏滅後の正法時代と像法時代、それから折伏は末法時代と、かういふ分け方を是認した上で理由付けする必要がある。

末法時代に布教を担当するのは地涌の菩薩である。上行、無辺行、安立行、浄行の四菩薩が代表する地涌の菩薩、地涌の四菩薩が末法に出て法華経を弘める全権委任を仏から受けた法華経の神力品で。

正・像に弘める迹化他方の菩薩、あるいは菩薩化した二乗、さういふ方がたは全権ではなく分権の委任しか受けてゐない、分権委任といふのは、一面楽なやうで非常に難しい面もあるわけだ。なぜか、それは状況がいろいろと変はつてくるから、時代社会に合せた対応力を持たないと弘めることができないからだ。

例へば仏滅後、インドにおける仏弟子の第一世代、その次の世代、さういふ各世代に活躍した方がたが苦心したのは、釈尊の教へをどのやうに正確に遺し伝播していくかといふこと、原型をどう保持するかといふことであつた。したがつて、師匠から弟子への継承、いはゆる師資相承《ししそうじょう》（師から弟子へとつなぐこと）といふものを非常に重んじた。師から弟子への相承を重んずることで、その当時に新しく出てきた思想とか哲学とか、さういふものに、いかに対応していくかといふ対応力を養つたわけだ。

その対応力が問はれるといふことは、もちろんかなりの学力がないと対応できないのであつて、これは簡単さうに見えて、かなり高度広範な知識能力が必要であつたことは容易に想像がつく。

ところが、全権委任の場合は、世情に対してはこまめに対応する必要がないわけで、仏が神力品で付嘱された法を、そのまま余計なものをまぶさず弘めればいいわけだ。

神力品の付嘱の法は何か、要法である。寿量品で明かされた本法が名《みょう》・体《たい》・宗《しゅう》・用《ゆう》・教《きょう》に要約されて、末法の弘通のために簡単明瞭に要法としてまとめられた、その法であるから、日蓮聖人流に開顕すれば、本門の本尊、本門の戒壇、本門の題目の三大秘法《さんだいひほう》を弘めればよい。それ以外のことは他意に合せなくてもよい、全権委任を受けた立場の神力品の付嘱であるから、三昧、苦行、誓願、神力といふ個々のケースを想定しなくても末法時代はよろしい、したがつて何々乗々《なになにじょうじょう》は、本門の正宗分には必要ないのである。

第二章　付嘱に関連する仏滅後の時代表現

末法時代についての既存の解釈を見直す

さういふ立場を考へてゆけば、末法時代といふ時代認識について再確認が迫られる事態が出てくる。

そのための「付嘱に関連する仏滅後の時代表現、特に五百年の現れ方」につき以下に考察を進めてみよう。

まづ法師品（第十番目）だ。

これは先にもふれたが、末法時代の特色とすべき悪世思想が、すでに法師品の中には見えてゐる。

法師品には「まさに知るべしかくのごときの人は、生まれんと欲するところに自在なれば、よくこの悪世において」といふ悪世思想がみえる。

続いての「しかもこの経は、如来の現在すらなほ怨嫉多し、いはんや滅度の後をや」、これも非常に厳しい悪世思想だ。この経を信ずるものに対しての怨嫉がある、仏在世当時すら怨嫉があるのだから、滅度の後はもつとひどい怨嫉があつて、迫害が加へられる、すでに迹門の法師品の中にかういふ時代認識が予見されてゐるのだ。

摂受を説いた安楽行品（第十四番目）ですら、「後の悪世」が二か所出てきてゐる。同じく「如来の滅後に、末法において」といふやうな表現もある。また「後の末の世の法の滅せんと欲するとき」といふ表現もある。

安楽行を行ふのは、必ずしも正法・像法と表現された、仏の教へが正しく行はれる、あるいはその正しい教へに像《に》たものが行はれる時代だけではないとなつてゐるのだ。

正法時代といつても、その中には末の世の現象も含まれてゐる。像法時代の末は末法で法の滅せんと欲するとあるが、これは、法が滅する直前の時代は末法なのだといふやうなことが説かれてゐるのである。安楽行品の中にこのやうにして、末法思想があるといふことを軽視してはならない。

常不軽菩薩品（第二十番目）になると「滅度をしたまへり、正法像法」の時代とある。威音《いおん》王如来《のうにょらい》によせて、正法・像法といふ言葉が出てゐる。「威音王如来、すでに滅度したまひて、正法滅して後、像法の中において」とある。いはゆる正法時代・像法時代といふ言葉が常不軽品の中に現はれてゐるのだ。

後五百歳説の登場

以上のやうな流れのもとで、後分の法華経たる六品にくると、薬王菩薩本事品には「如来の滅後、後の五百歳の中にて」「わが滅度の後、後の五百歳の中にて、閻浮提に広宣流布し」とあり、初めて五百歳が出てくる。五百歳といふ表現が法華経の中に出てき、その流れで普賢菩薩勧発品にも「世尊よ、後の五百歳の濁悪の世の中において」神通乗々で弘めなさいとある。同じやうな表現がもう一か所「普賢よ、若し如来の滅後、後の五百歳に」といふ表現もある。

薬王菩薩本事品を初出として、後の六品において五百歳といふ言葉がつづいて出てきてゐるのだ。

以上の諸経文をまとめて分析してみると、

①五百歳は薬王品が初見である。「如来の滅後、後の五百歳」と「わが滅度の後、後の五百歳の中にて閻浮提《えんぶだい》に広宣流布し」は、薬王菩薩の応生時が仏滅後の五百歳「法欲滅《ほうよくめつ》時《じ》（末法の直前）」を指してゐる。また、普賢菩薩勧発品の「世尊よ、後の五百歳の濁悪の世の中において」は普賢菩薩の薬王菩薩応生時の守護を表明してゐるやうである。

②六品における滅後弘通は嘱累品の付嘱に対応してゐる。

③五百年説の出現は、漢訳妙法華経の成立史を考察する上で参考になる。大集経月蔵分の五箇の五百歳説の出現と連動してゐると見るべきであり、原始形態の法華経には五百年説は存在しゐない、この点が確認できる。同経の後世における追加分、すなはち、後分

の法華経に混入した五百年説であらうが、後世の翻訳家の恣意的な竄入とはいへない。

④地涌菩薩の弘教法は、六品には具体的に書かれてゐない。勧持・常不軽両品にすでに明かされてゐて、末法弘通は地涌菩薩の権能ゆゑ、必要なしとすべきか。嘱累品で付嘱を受けた迹化・他方の菩薩、および菩薩化した二乗の担当は「余深法中示教利喜」なるがゆゑ、苦行・三昧・総持・誓願・神通の諸種の具体的な弘教法を明かす必要が認められる。

となる。

第三章　仏滅年代と五箇五百歳説

五箇五百歳説の概略

五箇《ごか》の五百歳説《ごひゃくさいせつ》につき、振り返っておきたい。

初箇《しょか》（第一箇）は解脱堅固《げだつけんご》の五百年、仏の入滅の翌日から五百年続くとされる。この時代は上座部仏教全盛の時代、阿含部の諸経が明かす法門で迷ひを断ち切り覚りを開く。個人解脱を目指した仏道修行により救済が可能となる。戒律も十分持《たも》たれ、禅定にも入ることもできる、三昧力も発得《ほっとく》することができる、知恵を出して煩悩を断ち切ることができる、完璧な個人解脱の時代だ。

第二箇《だいにか》は禅定堅固《ぜんじょうけんご》の五百年、戒律は持てなくなるが、禅定に入ることは可能、したがつて知恵を出して救済される時代とされる。

第三箇《だいさんか》は読誦多聞堅固《どくじゅたもんけんご》、これも五百年続く。戒律も持てない、禅定による精神統一も叶はない、知恵も出せない、そこで、文献を読んだり執筆したり、知的学習により知恵に似通つたものを出して救はれようとする。

第四箇《だいしか》は多造塔寺《たぞうとうじ》堅固。塔や寺を建てて信仰的な雰囲気に浸ることによつて救済を実現していく、これも五百年続くとされる。

以上で二千年が経過するわけだが、解脱・禅定が正法時代、読誦多聞・多造塔寺が像法時代。そして、二千年の後に第五箇の闘諍堅固《とうじょうけんご》白法隠没が現れ、社会の中に争ひ事が絶えず、仏の教へ、白法が消滅する時代になる。末法だ。

ちなみに堅固は、断定調予告で、必ずそのやうになるといふ意味である。

数字のマジック?

大集経の月蔵分に、以上のやうな五箇の五百歳説がある。

五百、五百で区切り、区切りの瞬間から一挙に世の中が変はる式の発想で、数字に託す特別な思想があつて、このやうな漢訳が現れたやうにも思へてくる。白髪三千丈とか、南京虐殺三十万人など、自意識過剰のための政治価値などを数字に込め、特殊な意味合ひをもたせる独特のシナ式表現法にも通じるものがあるからだ。

そのやうな面も考慮に入れなければならないが、大集経の五箇の五百歳説は、仏滅後に作られた経典に表れてゐる説で、同経の漢訳年代は西暦六世紀とされてゐる。漢訳者は、那連提耶舎（ナレーンドラヤシャス　四九〇～五八九）で、あくまでも一説に過ぎない。

大衆部の大乗仏教が興起するにつれ、悪世思想が強まり、仏法が衰退していく未来への段階予見説が登場したとも考へられる。

さて、さうすると薬王菩薩品とか、普賢菩薩品に出てくる「後の五百歳」は、この五箇の五百説とはいかなる関係にあるのかが問題になる。何の絡みもなく、たまたま五百、後の五百歳が法華経にでてきたのに過ぎないのであらうか。後世に出現した五箇五百歳説と、法華経に出てくる五百と対比するのは意味がない、かやうな議論も一面では成立するかもしれないが、両者の関連を無視する訳にはいかない。

仏滅年代との関連性

西暦五百三十八年、日本へ仏教が公伝した。

その当時から仏滅は紀元前九百四十九年説が定着してゐて、シナの周の時代の史書（異記）にある仏滅年代から、さう判断してゐた。これを基準にして数へていくと、二千五百年経つと末法到来といふ五箇五百歳説が成り立つ。わが国における当時の合理的かつ普遍的な解釈といへる。この点でも、わが国に仏教が流伝したをり、仏教に対する崇敬の念や尊重の気持ちが強く、受容には無批判な面があつたのもやむを得ない。

ところが、近世・明治以降、仏滅年代研究が進歩し、紀元前三百六十八年説などが提出され、かなり限定された年限が分かるやうになつてきた。インドでの考古学が発達し、仏教に入信したアショカ王（阿育王）が、石碑などに刻した非戦の布告が残つてゐて、それが発掘され、アショカ王の年限が大体限定されてきた。それを梃子に仏滅年代を研究していくと、従来の古さよりかなり新しくなつてきた。

さうすると、五箇五百歳説では五百年ぐらゐが余計になり早く末法に入つてしまふ計算になる。そこで、五箇の五百歳ではない、四箇の五百歳だとか、二千五百年ではなく二千年で末法になる、これで計算が合ふのだといふ議論が現れてきた。

さて、この問題をどう捉へるべきか、非常に悩ましい問題であるが、たとへば石原莞爾が末法二重説を唱へ、末法に入るのは旧来の仏滅説に従ふ必要がある。とともに今の科学的な仏滅年代も事実だ、これらの二重説を認めないと信仰と科学が両立しないとの苦心の解釈もでてきた。教徒体験年代と、科学的実証年代とに分けて考へ、両者を是認しないと新しい仏滅年代と、旧い五箇の五百歳説は整合が図れないといふ考へだ。

しかし、他方では五箇の五百歳説でなければいけないといふ議論も、伝統教学重視派の一部には根強いものがある。かうした守旧派と目される派の議論は、原理的なものとせねばならないが、それらの基礎をなしてゐる大数説に興味を覚える。

この大数説は、歴史的な事象を捉へてのもので、一から二と数へる順序を通す数字、いはゆる序数としての五百年に意味があるのではなく、末法時代は末法時代、像法時代は像法時代、正法時代は正法時代とする客観的な歴史展開があればいい、さうした見方でなければ五百は固定されてしまふ、五箇の五百歳説によらずとも時代状況、社会事象の説明は可能だし、五百がいはんとする概略の状況把握はできる、といふ立場だ。

ちなみに、薬王菩薩本事品にある「如来滅後　後五百歳中」とある経文だが、サンスクリット語経文によれば「最後の五十年」と訳されてゐて、岩波文庫版『法華経』の岩本裕氏の訳本にはそのやうに出てゐるのである。

第四章　仏滅後の歴史展開を裏づける思想

法華経を能判として歴史を観察する

以上の如き問題があるといふことを踏まへ、仏滅後の歴史的展開を法華経の思想からみてみよう。

そのために、法華経の特色思想としてもよい遣《けん》使《し》還《げん》告《ごう》思想（後で説明有り）を用ゐて考へてみたいと思ふ。この点について涅槃経の四依品にある法四依・人四依を援用すべしといふ意見も出てきさうだが、法華経に表れてゐる思想を第一義として観察する。

歴史上の事実がどのやうな展開をしてきてゐるのか、これは、歴史学のお世話にならねばならない。歴史事実を押さへつつ、法華経を能判として、法華経の知見を導入して、いかに歴史事実や展開を判じるべきか、この点において遣使還告思想が必要になつて来ると思はれる。

遣使還告は法華経の寿量品第十六にある。

毒を飲んで悶乱してゐる子どもを救ふため、他国に出掛けてゐた父親が、自分の代理、使ひを遣はし、残してきた薬を飲ませる、それにより子どもが救はれるといふ譬へ話だ。他国からの使ひが遣はされる、すなはち、仏滅後のそれぞれの時代社会に仏の使ひ、仏使が出現するといふ思想が、仏滅後の歴史展開に導入されなければならない法華経の知見（能判）で、「後の五百歳」「五箇の五百歳」を包摂する立場である。

第一世代《純粋救済可能》

加葉《かしょう》、阿難《あなん》、商那和修《しょうなわしゅ》、末田地《までんち》などがこの世代にあたる。

加葉は個人名ではなく、部族の名前で、代表者を大迦葉と称し、一族を率いて仏教教団に帰依してゐる。仏の後を継いだ直系の弟子といつてよく、師から弟子へと相続・資師相承を受けた世代だ。二代目が阿難、それから三代目が商那和修、つづいて末田地といふやうに法灯は引き継がれた。仏滅後およそ百年ぐらゐ、かういふ仏弟子によつて仏教教団が護持せられ、そして仏教が存続し弘まつていつた。

この年代を、五箇五百歳説に当てはめていけば、正法・解脱堅固の時代に配当可能で、初期仏教の時代の開始時期だ。原始仏教や根本仏教といふ人もゐるが、現今では根本仏教といふと誤解の生じるおそれがあり、初期仏教といふべきだと主張する学者がゐる。このやうな説を是認すると、初期仏教があるから後期仏教もある、原始仏教の初期、後期と分けなければいけないともなりかねないが、ともかくいづれにしても古い形態で、阿含部の諸経に説く教へが弘まつた時代といへよう。

仏教発祥のインド中部（中天竺地方）が主舞台であつた。

第二世代《擬似救済可能》

その後になると、竜樹《りゅうじゅ》、提婆《だいば》、無着《むじゃく》、世親《せしん》などのいはゆる論師と称される仏教家が現れ、小乗仏教に加味して大乗仏教を説くやうになる。

その大乗仏教の中に、中観派《ちゅうがんは》、瑜伽派《ゆがは》といふ二大潮流があり、中観派が竜樹、提婆とされ、シナの天台大師、日本の伝教大師に流れてくる。瑜伽派は無著、世親（天親）に代表され、日本へは南都六宗や弘法大師の密教系に流れてくる、かういふ大乗の系列が出現する。いづれにしても、このやうな仏使がでてきてゐるわけだ。

この時代は先の五箇説に当てはめると、禅定堅固の時代と見做し得る。そして、これらの論師が用ゐた仏教は何か、先の初期仏教に合せて興起してきた大衆部の大乗仏教を視野に入れてゐる。竜樹、天親の法華経解釈は今も価値高い理論とされてゐる。

かうした仏教は、西北へ流れ伝はり、そこからインド東北部に伝はり、そこからパキスタン、アフガニスタン、チベットなどに流れてきてゐる。陀羅尼品の持国・毘沙門の二天守護の説相は、この経路を予見したものだ。

また、この時代の仏弟子は、煩悩は断ち切れないけれども、一部は断ち切り、多くは伏してゐる、何かの時には煩悩が出てくる。平時の迷ひ、煩悩は伏してゐる。

これがインドからチベットに流れてくる過程における大雑把な歴史的展開である。

その時代に大乗仏教を意識し、法華経も解釈する、このやうな仏使が現れてきてゐると歴史的には見ることが出来る。

第三世代《理論構築と組織化》

そののち、漢土シナに移つてくる。シナ大陸に仏教が移るわけだ。

インドのガンダーラ（パキスタン、アフガン地方）から、シルクロードの西域諸国をへて仏教が流れてくる年限は、今のところ何年と限定することはできない。大体西暦前後あたりであらうといはれてゐる。後漢の永平十年、西暦だと六十七年、明帝が仏教の伝流を夢に見たといふ故事は有名だ。

シナに仏教が入り、何が行はれたか。本書の最初にふれた翻訳作業である。

サンスクリット語の原典をいかに漢訳していくかといふことに、当時の仏教徒は相当な力を尽くした。漢訳にもかなりの年数が必要であつたと思はれる。

そのころ、シナに天台大師智顗《ちぎ》が出る。この天台大師が出たことによつて大乗仏教が定着し、大乗仏教の中でも法華仏教が中心に据ゑられ、諸経が統一されるわけである。それが大体、西暦六世紀から七世紀ぐらゐだ。これをあへて五箇五百歳説に当てはめていくと、読誦多聞堅固の時代に配当できる。天台大師の著述は非常に多い。「法華文句《ほっけもんぐ》」「法華玄義《ほっけげんぎ》」「摩訶止観《まかしかん》」の有名な三大部がある。さういふ文献が書かれるとともに妙楽大師湛然《たんねん》が出現し、天台大師の説を整理する。これは読誦多聞が堅固時代になつたと客観的にいへるのである。

その後に仏教はシナから日本に伝はる。

日本に来たのは、天台大師が生まれた年で、西暦五百三十八年に日本に公伝してきてゐる。やがて日本では、聖徳太子が出現し、三経義疏《さんぎょうぎじょ》を作り、法華経と維摩経と勝鬘経の三経に注釈を付け、日本における仏教の根本路線、大乗仏教路線が敷かれたわけだ。その敷かれたレールに乗つて伝教大師最澄が出る、天台大師がシナで法華仏教を定着させたと同様に、日本に法華仏教を定着させた。これが大体西暦八世紀から九世紀の展開であつた。

この時代は繰り返しになるが、専ら大乗仏教のみが流布した時代で、読誦多聞堅固に対応してゐる人師の活躍があつた。

第四世代《耽美追究優先》

この時代は、わが国においても盛んに寺塔の建立や、仏教美術が盛んになる。

仏教哲学や仏教倫理学などよりも寺塔建立などが盛んになるといふのは、ある面で仏道修行の衰退、強くいへば放棄とも映らないでもない。戒律や禅定、知恵の各行の煩雑を嫌ひ、仏教を鑑賞や趣味の範疇で捉へ、真・善の追究より美の追求を優先させる時代といつて過言ではないのだ。いはゆる多造塔寺堅固時代の到来である。

この時代の特長は、特定のリーダー、仏使が出現するといふことより、非特定の大衆がそのやうな時代情況を作り出すといつた面が強いのではと思はれる。俗に聖《ひじり》と称される仏徒の出現とその徘徊が、これを証明するといつてもあながち間違ひではなからうと思ふ。

妥当性を欠く表現かもしれないが、かうした一種の堕落宗教が遍満すると、逆に純粋に仏教を追究しようとする勢力が出てくるのにも必然性が認められる。非極まりて泰生ず、ではないが、新しい仏教の唱道者があらはれ、改革に従事するのだ。

そして、このやうな情況の背景に末法時代到来の共通認識が胚胎してゐると見做し得るのである。

第五世代《諸宗対立闘争》

末法時代到来の共通認識が高まり、日本では比叡山からあらたな仏使が出現してくる。仏教一般論としては鎌倉新仏教の出現である。

鎌倉仏教の定義については拙著『日蓮王法思想への誘ひ』（展転社刊）に詳述したので、ここでは繰り返さないが、現在通用してゐる法然・親鸞・栄西・道元の各祖師がた、および日蓮を指してゐる説に従つておく。

それらの各祖師は、みづから建立した新しい仏教につき、頑なに雑修を排し専修を強調し、必然的に各宗が対立することとなつた。仏教の対立はそれ自身では収まらず、政治権力を巻き込んだ争ひに発展し、勧持品に予言された状況が如実に展開したのである。

この時代において、法華経に見通された将来展望を視野に入れ、折伏逆化でなければ救済できないと確信を抱いたのが日蓮聖人その人であつた。神力品で付嘱を受けた地涌の菩薩の垂迹であるといふ自覚に立ち、法華仏教を弘め、諸宗乱菊の美を呈する末法時代の救済を目指したのだ。

以上の如き歴史展開を遣使還告《けんしげんごう》思想で見ていくと、不思議なことに、インド、シナ、日本の各時代に、それぞれ使ひが遣はされてゐるとする客観的な事実も認められるのである。

日蓮聖人の特異な立場

そのやうな仏使の系譜に列なる日蓮聖人の立場は、当時の常識であつた五箇五百歳説を認めてゐて、自身は後の五百歳の出現といふ自覚がある。神力品で付嘱を受けた要法を弘める、末法相応の宗教を作り上げるといふ立場だ。

かうした日蓮聖人の闘諍堅固時代の認識まで来るのには、シナにおける天台大師の法華経優越主義の宣明、日本における伝教大師の一乗戒壇思想などに、大きな影響を受けてゐる。

天台大師が出る前はいろいろな大乗の説が盛行してゐたが、ほぼ制圧された。さういふ流れで、歴史的展開は天台大師の出現によつて法華経の価値が認められるやうになつたといふことがいへる。

この点で嘱累品の付嘱を認めれば、故ある観点かなと思はれ、天台大師、および伝教大師は薬王菩薩の垂迹《すいしゃく》とする見方も、素直に是認されよう。

以上のごとき遣使還告思想を勘案することで

「日蓮は末法時代に本仏より遣はされた使ひである、日蓮以外に使ひであるとの自覚を持つた者は歴史上にゐない」

といふ聖人の宣言も重大事となる。

ところが、現今の識者は、日蓮聖人を偉大だと認めつつ、法然上人や親鸞上人、道元禅師や栄西禅師と同格に論じ、衆生救済のために尽くした点では並列だとするのだ。

その常識を一度打ち破り、日蓮聖人以外に付嘱を受けた遣使還告に値する仏使が存在するのかといふアングルも導入する必要がありはしないか、さうしなければ、歴史上の展開における仏教徒の正統性は理解できない。

第五章　法華経の現代的諸問題

キリスト教と法華経の類似性

二十八品ある法華経の特色は、何であるかと考へてみると、本書ですでにふれたキリスト教でいふ三位一体説と非常に類似した考へ方、思想が特色として認められることだ。

両者いづれが先に成立したかといふ問題は、この際措くとして、思想的な観点からこれを考へてみると、法華経の一体三宝観とキリスト教の三位一体説とは、はなはだ類似してゐるといつてよい。

まづ、法華経における一体三宝観を、そののちにキリスト教の三位一体説をみてみよう。

法華経にあらはれる思想、その中心テーマは「統一」だ。

経典の統一、諸仏の統一、諸菩薩の統一、合はせて「三統一」が説かれてゐる。これは、数ある仏典の中で、唯一法華経だけが持つてゐる特色といつてよい。宗教学的な見方をすると、汎神論、多神論を一神論で統一したともいへる。

経典の統一は何によつて統一されたかといふと、方便品に説かれてゐる教理がもたらす結果から、そのやうにみることが可能だ。

方便品には「諸法実相」が明かされてゐて、諸経典中に説かれてゐる「いろいろな法」、これは諸法のことだが、各経典ごとに存在する諸法を「実相」とすることで、法の統一の可能性が認められる。

諸仏の統一は、如来寿量品に本仏が明かされてゐるゆゑ、仏の統一の可能性が認められる。阿弥陀や薬師などの諸仏は、本仏の分身としてその存在の位置づけがはかられてゐる。

諸菩薩の統一は、涌出品に現れた本化《ほんげ》地涌菩薩の存在により、数ある菩薩は本仏から化導《けどう》を受けたとすることで、菩薩の統一も可能になる。

以上の三者の関係をまとめると、本法を覚つたのが本仏で、その本仏によつて最初に化導《けどう》されたのが本菩薩、本化ともいふ。本法・本仏・本化（本僧）の三宝が一体とする論だ。

そこで、これをキリスト教の三位一体説に当てはめてみると、本法は精霊である、本仏は父なる神である、本化は子なるキリストに配当できる。キリスト教の三位一体説は、じつはキリスト自身がそれをいつたわけではない。西暦三百八十一年の第一回コンスタンティノーブル公会議において、三位一体説が正当教義に決まつた。キリストの言葉で残されてゐるわけではないが、キリスト教団が採用したといふところに、思想としてのキリスト教の伝承が認められ、合意確立がはかられたといふことである。法華経の漢訳と三位一体説の制定時期が、大まかに括れば同じ時期に現れてきてゐるといふことも不思議といへば不思議だ。

流通経路の暗示と予言

もう一つの特色は、法華経中に現れる仏滅後の流通経路《るつうけいろ》の予見だ。

この予見は、法華経が持つてゐる世界宗教といふ性格において、注意深く観察しておかなければいけないポイントである。

その点を以下にふれておく。

法華経は、仏教の発祥の地インド中央部から東北方面に拡張していつた。ただし、東北方面へ拡張するにつき、一時西方に向かつたこともあつたが、大勢として東北方面に拡張したことは歴史的事実であらう。かうした経路が持つ必然性として、東北の極地である日本に到達してきてゐる。法華経が東北に流れ着いたことで、日本に法華経文化が根付いた。

このやうな流れ方をするのだといふ予見が、法華経の中にみてとれる。しかも、実証するに足る歴史事実が存在してゐるのは不思議としか言ひやうがない。

これが第二番目の特色である。

ちなみにこの経路といふ観点からキリスト教を眺めてみると、仏教とは正反対の流れ方をしてゐる。キリスト教は西へ西へ流れ、その必然としてアメリカ大陸に行き着いてゐる。

仏教は西に、キリスト教は東に進むことができない受け入れ側の事情が惹起してゐるのだが、正確を期せば、両教とも一時東西南北各方面に流れやうとするのは認められる。しかし、この現象はあくまでも一部、一時の限定的現象とすべきで、大勢としては東西に向かひ流れてゐるのだ。

この点をよく考へてみると、法華経が日本に行き着いた、キリスト教がアメリカ大陸に行き着いた、その後は、両教が太平洋をはさみ、いづれおとづれる両教の本格合流の時期を、無自覚的に待ちつづけてゐたとも考へ得る。

やがて近世から近代にいたり、日米両国の交りのもとに両教が顔合はせする。顔合はせするにつき、当初はキリスト教の勢ひが強く、高圧的に法華経に迫つたやうに感じるかもしれないが、明治、大正、昭和と変遷する中、すこしづつではあるが、法華経の勢ひがまし、法華経からキリスト教を開顕包容しようとする営為も開始され出した。

現在はその延長と捉へられるが、平成から令和へと時代が移り、日本や日本を取り巻く情勢から見て、両教における今日以後の展開は、キリスト教の絶対有利で終るかといへば、さうではないと予想しても許されよう。

法華経およびキリスト教相互に、それぞれが伝統的教義を墨守して対立を深めるのか、それとも両教の類似性を認め合ひ、真の融合が果たせるのか、今後の展開が待たれる。

国家観、世界観の存在理由

第三番目の特色として、国家観、併せていへば世界観・宇宙観、かうした国土・世間思想が法華経には色濃くある。

この点も非常に重要であり、大きな特長である。

法華経に限らず大乗仏教には国土観はもちろんあるが、特に法華経には「本国土《ほんこくど》」思想が存在してゐて諸経に明かされてゐる国土を根源的に統一する思想が認められる。

この本国土思想は、一体三宝観でふれた本仏・本法・本化を存在せしめる依地《えち》思想である。依地は化導の対象といふことでもあり、化境《けきょう》とも捉へられる。

なにゆゑ依地や化境が必要かといふと、三宝といつてもあくまで精神的なものでしかないが、三つの宝としての本仏（仏宝）・本法（法宝）・本化（僧宝）を在らしめてゐる国土がこの地上のどこかになければいけない、その国土があるゆゑに、観念上の存在たる本仏・本法・本化が維持され、かつ発展し精神的・社会的営為を果たす、これこそが、仏教が依るべき国土観である。

インド、シナ、日本と三国を経過し、行き着いた日本の法華思想の最終体現者としての日蓮聖人、かう仮定してこの点をみれば、日蓮聖人がみた日本の国家、その本質が法華経に説かれた思想を地上に実現するためにあるのが日本だ、となる。国の基底、基部にある精神性が確認されることで、立正安国思想は成立する。この精神性を指して「国の体」「国体」と我らはいつてゐるのである。

法華経第二十七の妙荘厳王本事品の中に説かれた、王が法華経に帰服する、その帰服するといふことは、像法時代、正法時代のことだ。日本においても桓武天皇は最澄伝教大師に帰依した。そして法と国は合体した。ところが、末法時代になると、合体は困難になる。なぜか、政教が分離する方向を目指すからだ。

法華経をどの国に弘めれば一番効果があるか、この点が重要であり、国を知つて法を弘めるべきとする日蓮聖人の「知国判《ちこくはん》」は、この点を示してゐる。弘めるべき国家をよく見極めなければいけない、法華経と冥合する国が必要であるといふ思想である。

国家と宗教は分離し、現在はそれぞれ別の道を歩んでゐる。しかし、その歩みは根底においては冥合してゐると認識すれば、将来に新しい状況が訪れ、冥合から顕合へと変化する世界が訪れるかもしれないではないか。

人類の未来へ必要な経典

国家と宗教が顕合するについて、われわれは世界に目を向けなければいけない。現存のイスラム教やユダヤ教などの存在は、一神教としてキリスト教と同質であるとの理解はその通りであらう。現今の世界には一神教といふ難物の存在がある。

この一神教といふ難物といかに向き合ふべきか、困難な作業だ。しかし、何らかの方法で解決しなければ、世界の平和は訪れないし、人類の対立は解消しない。一神教の「一」を人類が共通して認め合へる「一」にしなければいけないのだ。

この点で、これまでみて来たキリスト教と法華経との共通性が、大きなヒントとなる。三位一体説と一体三宝論の類似性を両教お互いが認めあひ、真の融合が果たせれば、宗教の対立は解ける。解くための原理がそこに存在してゐるのだ。

この原理が機能することで、一神教は一神教ではなくなる。一神教と多神教・汎神教とが融合すれば、一の神が一として存在できない理論構成が完成するのだ。

この理論の完成による一神教の弊害除去につき、国の側からみる必要もある。この問題を考究するため、日本国を題材に選んでみると、

「日本の国体を用ゐることで宗教の非宗教化がはかられる」

といふ仮説の設定が重要になつて来る。

この仮説が持つ意義を簡単に表現すると、わが国において従来対立してきた教義至上主義、ドグマ絶対に彩られた旧態宗派仏教は国家によつて清算される、となる。なぜさうなるか、旧宗教が果たしてきた役目を国の理想が変はつて果たすからだ。わが国においてそのやうな宗教の非宗教化、換言すれば宗教を説かない宗教が実現すれば、いづれは世界各国がそれにならふ可能性は十分に認められる。

現今の地球上には、さまざまな文明論が存在する。文明論的な視野からみると、今経験してゐる時代は混迷時代となるのかもしれない。しかし、政治・経済面からみれば地域共同体を目指す各国の動き、すなはち統合に向けて歩一歩進みつつあるとの見方も説得力がある。

インドに仏教が発生してから約二千五百年、日蓮聖人の宗教が発生した鎌倉時代からは

八百年経過した。

その時代展開が進歩してゐるのか退歩してゐるのか、あるいは停滞してゐるのか、どのような立場に立つかで見解が分かれるであらうが、少なくとも進歩させるのだといふ意欲をもち、法華経と日本国との冥合を捉へていくべきではなからうか、かく私は信じる。

それが翻つて、法華経、日蓮聖人につらなるものの使命になるのではないか、このやうに思考してゐるところである。

第四部　法華経和歌百首

山川智応『和訳法華経』（新潮社）より転載

般若台にをさめおきてし法華経も夢殿よりぞうつゝにはこし　前大僧正慈鎮　風雅

序品

是時天雨曼陀羅華　藤原伊綱

春ごとに歎きしものを法の庭ちれるがうれしき花もありけり　千載

照于東方　兼好法師

いづかたものこる隈なく照すなり時まちえたる花のひかりに　家集

栴檀香風悦可衆心　西行法師

つぼむよりなべてにもにぬ花なれば梢にかねてかをる春風　夫木

広度諸衆生其数無有量　皇太后宮太夫俊成

わたすべき数もかぎらぬ橋柱いかにたてける誓なるらん　新古今

方便品

其智慧門難解難入　中務卿宗良親王

入りがたき草の戸ざしも秋風のふきはらふにぞ月は澄みける　　　　新葉
如是相　　後京極摂政前太政大臣
おしなべて高根にかゝる雨雲の晴れてぞみゆる花のぬれがほ　　　　摘題
如是性　　後亀山院御製
長きよの闇路の雲ははれねどももとの光はありあけの月　　　　新葉
如是力　　権中納言定家
みなれ棹岩間に浪はちがへどもたゆまずのぼる宇治の川舟　　　　続千載
如是縁　　藤原為尹
はしらかす沖つ舟人今は早や風をしるべの江にやよるらん　　　　千首
如是果　　逍遥院實隆
あだならぬたのみながらに朝霧のおくてのいなば哀とぞ思ふ　　　　雪玉集
如是報　　二條院讃岐
うきも猶むかしのゆゑと思はずばいかに此世をうらみはてまし　　　　新古今
本末究竟等　　僧正遍正
末の露もとの雫や世の中のおくれさきだつためしなるらん　　　　新古今
唯有一乗法無二亦無三　　権大納言行成
世の中に出づと出でます仏をば唯一ことの為と知らなん　　　　玉葉集

常自寂滅相
なることばおのが羽風にまかせつゝ心とさばく村雀かな
鎌倉右大臣
沙石集

世間相常住
世の中のつねとはみれど秋の野の移ろひかかる時ぞわびしき
素性法師
新拾遺

譬喩品

不覚不知不驚不怖
をどろかでけふも空しく暮れぬなり哀れうき身の入相のそら
慶政上人
風雅

猶如火宅
いつまでかわが身ひとつの出でがてに故郷かすむ月を見るべき
民部卿為藤
新千載

以三車誘引諸子
わが心三つの車にかけつるはおもひの家をうしとなりけり
近衛院御製

其中衆生悉是其子
子をおもふ親の教のなかりせばかりの宿りにまよひ果てまし
前大納言経任
新後撰

今日乃知真是仏子
今ぞ聞く鹿啼く野辺にきり晴れてもとこし道も隔なしとは
入道親王覚誉
新千載

信解品

かへりても入りぞわづらふ真木の戸を惑ひ出でにし心ならひに
前大僧正覚忠
千載

くもりなく心の塵をはらひてぞ迷ひしほどの闇ははるけし
後宇多院宰相典侍
新続古今

童子幼稚無識

しらでこそ結び置きけめあげまきのいとげなかりし程の契りを
法印定為
続千載

止宿草庵

草の庵に年へしほどの心には露かゝらぬとおもひかけきや
選子内親王
続拾遺

今得無漏無上大果

尋ねつる雲より高き山こえて又うへもなき花を見る哉
了然上人
後新撰

薬草諭品

如一味雨随衆生性所受不同如草木

いたづらにもるゝ草木もなかりけり一味の雨の所わかねば
後鳥羽院御製
御集

授記品

み草のみしげきにごりと見しかどもさても月すむ江にこそありけれ

右京大夫季能

千歳

化城諭品

従冥入於冥永不聞仏名

性空上人のもとによみて遣はしける

雅致女式部

くらきよりくらき道にぞ入りぬべきはるかに照らせ山の端の月

拾遺

実処在近此城非実我化作耳

八條院高倉

いそぎたてこゝはかりねの草枕猶おくふかしみ吉野の里

続後撰

五百弟子授記品

不覚内衣裏有無価宝珠

赤染衛門

衣なる玉ともかけて知らざりきゑひさめてこそうれしかりけれ

拾遺

授学無学人記品

かきながす山の岩根のわすれ水いつまで苔の下にすみけん

常盤井入道前太政大臣

玉葉

法師品

乃至一偈一句一念随喜者我亦与授阿耨多羅三藐三菩提

前権僧正実聡

偽のなき言の葉の末のつゆ後の世かけて契りおくかな

玉葉

是人則如来使

伝教大師

この法をただ一言もとく人は四方の仏の使ならずや

続古今

須臾聞之即得究竟

前大僧正公澄

一声を聞きそめてこそ郭公なくに夜深き夢はさめけり

新後撰

有空閑処

権少僧都源信

しづかなる処はやすくありぬべし心すまさん方のなきかな

新千載

柔和忍辱衣

藤原伊信朝臣

我ためにうきをしのぶのすり衣みだれぬ色や心なるらん

続拾遺

加刀杖石念仏故応忍　　寂蓮法師

深き夜の窓うつ雨に音せぬはうき世を軒のしのぶなりけり　新古今

見宝塔品

皆在虚空　　法性寺入道前関白太政大臣

聞く人もはるかに是をあふげとて空にぞ法を説く声はせし　続古今

提婆達多品

提婆品の心を　　皇后宮権太夫師時

今日ぞしる鷲の高嶺にてる月を谷川くみし人の影とは　金葉

随仙人供給所須　　法印慶忠

法の為め身をしたがへし仙人《やま》にかへりて道のしるべをぞする　新勅撰

採薪及菓　随時恭敬心　　大僧正行基

法華経をわが得しことは薪こり菜つみ水くみ仕へてぞ得し　拾遺

于時奉事経於千歳
谷水をむすべばうつる影のみや千歳を送る友となりけん　顕昭法師　千載

亦不為己身及与五欲楽
千歳まで結びし水もつゆばかり我身のためとおもひやはせし　僧都覚雅　千載

つま木とる山の秋風いかばかりならはぬ袖につゆこぼるらん　前大納言忠良　新拾遺

龍女成仏
わだつみの底のもづくと見しものをいかでか空の月となるらん　勝超法師　金葉

勧持品

何故憂色而視如来
朽ちはてゝあやふく見えしをばたゞの板田の橋も今わたるなり　法橋泰範　千載

我不愛身命
さらずとていくよもあらじいざやさは法にかへつる命とおもはん　正三位経家　新古今

安楽行品

若入他家不与小女処女等共語

名にめでてまよひもぞする女郎花にほふ宿をばよきてゆかなん

藤原為明朝臣

風雅

不説他人好悪長短

よしあしと人にかたるな難波がたことうらにすむ海士のしわざを

前権僧正玄円

新千載

唯髻中明珠

もとゆひの中なる法のたまさかにとかぬ限りは知る人ぞなき

京極前関白家肥後

続後撰

二つなき玉をこめたるもとゆひのとくことかたき法とこそきけ

待賢門院堀川

玉葉

若於夢中但妙事

春はたゞ妙なる色を見る夢もさながら法の花の下ふし

諫議大夫基綱

碧玉

不信是経則為大失

たのまれぬ心ぞ見ゆるきてはまたむなしき空にかへるかりがね

光俊朝臣

新続古今

涌出品

今諸大衆謂如半日

法印経賢

斧の柄もくちやしぬらん鷲の山しばしとおもふ法のむしろに

新続古今

父少而子老

権僧正永縁

たらちねは黒髪ながらいかなればこのまゆ白き糸となるらん

金葉

宗尊親王家小督

もえ出る野べはさながら縁にてそのゆかりともしらぬ若草

法文

寿量品

前大納言為家

鷲の山曇らぬ月を頼むかな年経し法の水くきのあと

新千載

開迹顕本の心を

法印朝円

水の面にうつるもおなじ影ながらひとつ空にぞ月はすみける

新千載

思順上人

末とほく流れし水にみなかみのつきせぬ程をしらせつるかな

続拾遺

自惟孤露

寂超法師

ことはに頼むかげなきねをぞ鳴く鶴の林の空をこひつゝ

新勅

一心欲見仏不自惜身命　　勝命法師
かりそめのうき世ばかりの恋にだにあふに命を惜みやはする　　玉葉

常在霊鷲山　　康資王母
鷲の山へだつる雲や深からんつねにすむなる月を見ぬかな　　後拾遺

従三位為理
定めなく行きかふ空のうき雲に心まよはす有明の月　　新続古今

寿命無数劫　　頓阿法師
むかしより玉の緒ながくとく法に結ぶ幾世の契りなるらん　　草庵集

分別品

願我於未来長寿度衆生　　正二位隆教
みな人をわたさんとおもふとも綱のながくもがなや淀の川舟　　風雅

則如仏現在　　大蔵卿隆博
雲はらふ夜半の嵐のしるべこそさやけき月の光なりけれ　　続後拾遺

随喜功徳品

五十展転随喜功徳

法の花いく山風にさそはれてこゝまでも猶にほひきぬらん　寂恵法親王　新葉

最後第五十聞一偈随喜

法の海磯づたひきく波の音をつゝむにさへもぬるゝ袖かな　源俊頼朝臣　散木

何況於法会

水上をおもひこそやれ谷川のながれもにほふ菊の下水　法眼源承　新拾遺

法師功徳品

此人有思惟籌量言説皆是仏法

世の人をわたしわたさずおもふことかたるも法の舟ならぬかは　元政上人　二十八品歌

不軽菩薩品

不軽品

冬がれの梢は何かあだならむ枝にぞこもる花も紅葉も　前大僧正道昭　続後拾遺

而打擲之避走遠往　覚雅法師

有がたき法をひろめし聖にぞ打みし人もみちびかれぬる

続後拾遺　後嵯峨院御製

法文

あはれなりうきもつらきも知りながらたへ忍びける人の心は

書写是経

殷富門院大輔

も丶草にかく水ぐさのあとはみな一つ御法の海に入るらし

夫木

神力品

是二音声遍至十方

法印聖憲

待ちえたる鷲の高根の郭公たゞ一こゑぞ四方に聞こえし

続古今

如日月光明能除諸幽冥

蓮上法師

日の光月のかげとぞ照らしけるくらき心の闇はれよとて

千載

能持是持者則為已見我

民部卿雅有

あふぎおもふ御法の風にくもきえてわが為めにすむ月を見るかな

夫木

嘱累品

あだにおく末葉の露はしげけれど中に結ぶぞ玉とみえける　権少僧都延真
今以付嘱汝等　続後撰
忍べとてかきおく浦のもしほ草ながらへてだに紀念ともなれ　前大納言基良
令一切衆生普得聞知　新後拾遺
みな人のうき世の夢もさむばかり遥にひゞけあかつきの鐘　入道贈一品親王尊円
新後拾遺

薬王品

其身火燃　従二位家隆
ひろむべき法の為とも思ひせばもゆるとも身を惜まざらまし　玉吟上
如度得船　藤原景綱
こぎよする便ならでは渡し舟のりうけがたき我身なりけり　法文
如貧得実　源三位頼政
わび人の心ばかりは通ひきておもふにさこそうれしかるらめ　法文
如民得王　参議雅経
高きやにをさまれる世を空に見て民のかまども煙立つなり　続後撰

広宣流布

山ざくら匂ひを風にまかせてぞ花のさかりをよそにしらする

法印実性
新千載

妙音品

身をかへてあまたに見えし姿こそ人をもらさぬ誓なりけれ

前中納言定資
続千載

観音品

若為大水所漂称其名号即得浅処

おり立ちて頼むとなれば飛鳥川ふちもせになるものとこそきけ

平忠度
風雅

弘誓深如海歴劫不思議

ちかひをば千尋の海にたとふなり露もたのまば数に入らなん

崇徳院御製
千載

呪詛諸毒薬所欲害身者念彼観音力還着於本人

白波もよせくる方にかへるなり人を難波のあしとおもふな

前大納言為世
新千載

種々諸悪趣

源　兼氏朝臣

つひに又いかなる道にまよふともちぎりしま丶のしるべわするな　続千載

仏説普門品時衆中八万四千衆生皆発無等

等阿耨多羅三藐三菩提　大納言公任

世をすくふうちにはたれか入らざらん普き門は人しさ丶ねば　後拾遺

陀羅尼品

受持法華名者福不可量　前大僧正快修

嬉しくぞ名をたもつだにあだならぬ御法の花にみを結びける　千載

妙荘厳王品

迷ひこし心のやみをしるべにて子をおもふ道に月を見るかな　権律師玄覚　新続古今

又如一眼之亀値浮木孔　高弁上人

眼しひたる亀のうききにあふなれやたまたま得たる法のはし舟

女院の御八講の捧物にかねて亀のかたを作りてよみ侍りける

斎院

こふつくすみたらし川の亀なれば法のうききにあはぬなりけり

勧発品

法印成運

続千載

見ぬ人の為とや鷲の山ざくら二度とける花の下しも

宗尊親王家三川

法文

曇りなき法の光のさしも草露もまよひもみしや残さん

受持仏語作礼而去

寂然法師

新勅

ちりちりに鷲の高根をおりぞゆく御法の花を家づとにして

菩提といふ寺に結縁の講しける時聴聞に

まうでたりける人のもとよりとく帰りね

といひたりければ遣はしける

清少納言

千載

もとめてもかゝる蓮の露おきてうき世に又は帰るものかは

あとがき

法華経の名前はよく知つてゐる、しかし内容はよく知らない。

このやうな声を若い人から聞いたのは、今から五年ほど前のことだ。

かうした声は実は私自身が抱いてゐたことと重なる。少年の頃から私の家庭内では、わが家の庭訓として法華経の名前はよく飛び交つてゐた。だが内容にまで立ち入るのにかなりの時間が必要であつた。

十六歳の夏、当時通学してゐた高校を中退し、鎌倉の私塾に入塾することとなつた。そこで、本格的に法華経を学習するやうになつたが、専門知識の不足や、漢文調の難読さ、文字の旧字体、などでその意味を理解するのにかなり手古摺つた記憶がある。

その後、齢六十も後半になり、日本国体学会（里見岸雄先生創立）に於て、平成二十八年五月から翌平成二十九年四月まで六回、同会の講習会に出講し、法華経講義を行なつた。そのをりの講義録を同会の機関誌「国体文化」誌上に平成二十八年四月号から平成三十一年一月号の足かけ四年間にわたり三十四回連載した。

この講義録を読み返してみて、口語体の文章にそこはかとない味はひを感じてゐたが、「である」調に統一し、関係者の奨めもあり、今回単行本にすることにした。

今回の出版にさいし、旧稿に手を入れる過程でいろいろ貴重な経験をした。

そのなかでも、大きな点は、法華経を思想として眺めることの必要性と、その困難なことだ。そして、今回の出版が、その目的達成が出来てゐるかどうか、心もとない思ひをしたことである。

それと共通するかもしれないが、思想と信仰、科学と宗教といふ相反すると捉へられがちな立場を、いかに止揚統合すべきか、このやうな問題もあつた。

この問題を解決するのが法華経の本来の使命なのかもしれないが、いざ自身の手でこの問題と向き合つてみて、法華経を正しく捉へ切れてゐるか、どうか、大変困難な作業であつたことを思ひ返してゐる。

本書では、さうした作業とともに、法華経と日蓮聖人との関連性にふれてゐる局面が多い。しかも肯定的にである。

このやうに日蓮聖人を持ち上げることで、本書が宗派仏教の宣伝書ではないかと勘繰られかねない気もする。そのやうに受け取られても致し方ないのかもしれないが、あへて反論は控える。

私には日蓮聖人の信者といふ超世俗の立場とともに、一方では本化妙宗国柱会の信行員といふ世俗上の立場も持つてゐる。それら内外両面の立場から、法華経を扱ふ場合、どうしても日蓮聖人にふれざるを得ないのである。十六歳以来抱いて来てゐるテーマ、日蓮主義と日本国体学からは逃れられないのである。

以上のやうな背景はあることはあるが、しかし本書に日蓮聖人を出すことをもつて、読者各位に日蓮信仰を押し付ける意図は毛頭ないことをお断りしておきたい。

ともかく、法華経全体の解説は終はつた。

至らない内容で慙愧に堪えないが、読む人のこころに法華経が響けば望外の喜びである。最後に、本書刊行に際してお世話になつた各位に、あらためて深甚の謝意を表し擱筆する。

令和元年十月十三日

著者

相澤宏明（あいざわ　ひろあき）

昭和 22 年大阪生まれ。同 38 年私立上宮高校中退、鎌倉の私塾師子王學塾にて日蓮主義、日本国体学を学ぶ。同 57 年㈲展転社設立代表取締役。平成 17 年㈱展転社取締役会長。

現在、NPO 法人昭和の日ネットワーク副理事長、明治の日推進協議会事務局長、里見日本文化学研究所評議員、日蓮教学研究会同人代表を務める。

著書に『日本の建国覚書』(暁書房)、『行動の日蓮学』(暁書房)、『世界から見た大東亜戦争』(展転社・共著)、『戦後の田中智学論を糾す』（展転社・共著)、『日蓮聖人略伝』（展転社)『国体学への誘ひ』（展転社)『日蓮王法思想への誘ひ』（展転社）がある。

法華経世界への誘《いざな》ひ

令和二年三月三十一日　第一刷発行

著　者　相澤　宏明
発行人　荒岩　宏奨
発　行　展　転　社

〒101-0051 東京都千代田区神田神保町2-46-402
TEL　〇三（五三一四）九四七〇
FAX　〇三（五三一四）九四八〇
振替〇〇一四〇―六―七九九九二
印刷製本　中央精版印刷

ISBN978-4-88656-499-3